金融元宇宙
MetaFi

张雅琪　渔童　王平　等著

中国出版集团
中译出版社

图书在版编目（CIP）数据

金融元宇宙 / 张雅琪等著 . -- 北京 : 中译出版社，2023.1
 ISBN 978-7-5001-7232-1

Ⅰ . ①金… Ⅱ . ①张… Ⅲ . ①信息经济—关系—金融—研究 Ⅳ . ① F830

中国版本图书馆 CIP 数据核字（2022）第 219885 号

金融元宇宙
JINRONG YUANYUZHOU

著　　者：张雅琪　渔　童　王　平
策划编辑：龙彬彬
责任编辑：龙彬彬
营销编辑：马　萱
出版发行：中译出版社
地　　址：北京市西城区新街口外大街 28 号 102 号楼 4 层
电　　话：（010）68002494（编辑部）
邮　　编：100088
电子邮箱：book@ctph.com.cn
网　　址：http://www.ctph.com.cn

印　　刷：北京盛通印刷股份有限公司
经　　销：新华书店
规　　格：710 mm×1000 mm　1/16
印　　张：20
字　　数：200 千字
版　　次：2023 年 1 月第 1 版
印　　次：2023 年 1 月第 1 次印刷

ISBN 978-7-5001-7232-1　　　　定价：79.00 元

版权所有　侵权必究
中 译 出 版 社

序一

为什么需要创建金融元宇宙[①]

一、如何定义金融元宇宙

我以对元宇宙和金融两个领域的理解,对金融元宇宙给出如下定义:金融元宇宙是基于元宇宙基础结构和各类虚拟现实数字技术,吸纳金融科技化和科技金融化的融合创新成果,所形成的支持普惠金融目标的未来新型货币金融形态。或者说,金融元宇宙是通过虚拟现实技术所映射出来的一种金融形态,是现实金融和虚拟现实技术互动的一种新的金融形态。

如果上述关于金融元宇宙的定义成立,那么,金融元宇宙不是简单的金融加元宇宙,更不是一个简单的现实金融。所以,金融元宇宙对未来金融体系演变,甚至整个经济的发展都起着至关重要的

[①] 本文系作者2022年5月29日在全国工商联经济部、全联并购公会主办的"数字经济与金融元宇宙"座谈会的发言。作者根据录音文档修订。

作用。在未来的数字经济体系中，不可能没有金融元宇宙，而金融元宇宙也不能没有数字经济作为一个更大的背景。

二、创建金融元宇宙的深刻原因

具体分析，创建金融元宇宙的深刻原因包括以下五个方面：

第一，金融规模超常扩张。进入21世纪以来，世界主要经济体的金融规模，特别是货币规模、包括债券在内的金融资产规模，都在急剧扩张。2008年世界金融危机之后，实行货币宽松政策成为世界货币政策的主流，加之现代货币理论（MMT）的政策化运行，导致全球性货币金融规模正在以人们不能想象的速度扩张。这很可能酝酿比2008年世界金融危机更大更深的危机，比如前所未有的资产贬值、通货膨胀和债务危机。无论如何，面对人类现在正面临的货币金融规模扩张常态化和持续化，必须寻求一种定性与定量的即时分析与预测的新方法和新工具，构建金融元宇宙就是一种新模式和新工具。

第二，金融平台化的趋势。自工业革命以来，金融和货币体系运行主体是银行和非银行金融机构。不论是传统商业银行，还是各类保险公司，以及后来的各种基金服务，都是通过柜台服务实现。ATM机开始普及已经是20世纪70年代。自20世纪末，金融服务机构都有日趋明显的平台化趋势，没有平台或脱离平台的金融机构，已经难以生存和难以发展。互联网和数字技术加速了这个过程。2004年中国开始运行的支付宝，就是第三方支付平台，致力于为企业和个人提供"简单、安全、快速、便捷"的支付解决方案。金融服务平台化趋势，特别是金融服务平台引入虚拟现实技术，势必推动金融元宇宙的开发和构建。

第三，金融科技含量的增长。近年来，人们持续探讨科技金融化和金融科技化，金融发展过程中科技的因素变得越来越重要。特别是2008年之后加密数字货币的出现、主权数字货币的进展和各类数字金融创新试验，加快了科技推动金融全方位数字化转型的历史进程。所以，金融科技和元宇宙相结合形成的金融元宇宙，就成为一种必要的转型方式。可以预见，金融创新的科技含量将不断强化，现在的加密数字货币、主权数字货币、DeFi、NFT等，都不过是未来科技主导的金融数字化新阶段的序幕。其中的金融元宇宙可以最大限度地吸纳和融合金融科技的创新成果。

第四，金融在经济体系中的地位的上升。在整个宏观国民经济发展中，金融产业的规模不是在减少，而是在扩张，对GDP的贡献的比重不是下降，而是上升。其深层原因在于：实现包括制造业在内的实体企业的数字化转型，构建以数字经济为基础的数字社会，必然以金融产业数字化为先导，需要通过金融产业数字化作为内在推动力，形成新的金融产业生态。那么，金融元宇宙可以通过这样的生态环境推动包括制造业在内的更大范围的数字化转型。

第五，制度性金融风险在加大。现在，世界性和制度性金融风险普遍上升，主要体现为金融危机周期在缩减，各类金融危机发生的频率在加快，传统的货币金融理论和治理模式都已过时，全球货币金融秩序呈现加快态势。全球面临日益加深的金融危机，已经成为世界性共识。但是，却没有任何相关机构对于积累的金融风险和可能的金融危机做一个长期的、完整的、动态的和量化的模型。现在看，唯有通过金融元宇宙的技术工具，可以构建宏观的、动态的、完整的且高度量化和具象化的金融发展趋势模型，提高人们控制金融风险的能力。

总的来说，现在全球金融货币体系和世界金融货币秩序的改变，不仅不断加速，而且更为不确定，增加了预测难度。所以需要用一个新的工具、模型、平台，实现对金融体系演变的实时和具象的观察和反映，完成一种在现实世界中不能试错的各类虚拟试验。毋庸置疑，构建金融元宇宙是一种选择。就科技手段而言，只有金融元宇宙可以通过引入人工智能、未来的量子计算，最终解决日益膨胀的货币金融数据的算力问题，形成货币金融领域大数据的供给与需求的平衡。需要强调的是，未来的金融货币发展所产生的大数据，必须依赖人工智能，甚至依赖量子技术。

三、如何构建金融元宇宙

关于如何构建和开启金融元宇宙，当务之急要面对和解决以下几个问题：

第一，提高认知高度。要认识到开启金融元宇宙建设，对于金融机构和政府而言，都是一个战略性问题，是一个刻不容缓的历史选择。

第二，开发相关技术。开发支持金融元宇宙的基础设施，作为"新基建"的重要内容。例如，如何通过引进数字孪生技术和人工智能生成系统，提高金融数字化和人工智能化水平，就是极为现实的技术挑战。

第三，创建金融元宇宙试验区。构建金融元宇宙，需要打破现在金融体系条块分割的状态。为此，可以选择在特定区域和部门创建金融元宇宙实验区，将金融元宇宙的制度、政策和技术有机结合，形成金融元宇宙的可持续发展。

第四，吸纳企业家、银行家和金融家参与。通过培训，向企业家、银行家和金融家普及金融元宇宙基本知识，让他们学习数字经济技术，参与金融数字化转型和金融元宇宙实践，走出现在非常特殊的转型困境。

第五，建立金融元宇宙团队。现在的相关人才严重短缺，人才质量和数量都不够。没有人才，元宇宙的设想和创建只能停留在口头和文件状态。所以，现在需要组织力量，立即培养相关人才，集结既懂金融又懂科技，也熟知元宇宙框架的人才团队。

金融元宇宙，将是货币金融领域数字化变革的先锋。它不仅是金融科技的集大成，改变了传统货币金融的深层结构，而且会形成新的货币金融形态，建立新的游戏规则和新型金融秩序原则。其历史地位很可能超过20世纪的金本位制度的消亡和信用货币制度的形成。只是，序幕现在刚刚开启。

朱嘉明

横琴数链数字金融研究院

学术与技术委员会主席

2022.12.29 修订于横琴

序二

面向金融元宇宙的思考

2021年7月,我和朱嘉明教授为中译出版社的一本新书《元宇宙》写了序言,这本书成为推动中国当下元宇宙热潮的重要启蒙读物。中译出版社再次邀请几位作者编写了这本《金融元宇宙》,我有幸再度与朱嘉明教授一起参与推荐。我将两次参加元宇宙相关论坛的思考在这里分享,期待《金融元宇宙》一书引起更多的关注和讨论。

元宇宙是市场竞争出来的!

不同领域的人定义了不同的元宇宙。技术公司讲的是AR、VR和虚拟硬件体系,互联网公司谈的是拥有数字所有权的Web 3.0,商业圈谈的是资产价值的网上交易,社会学者谈的是分布式自治组织DAO,艺术和投资人讨论的是NFT。因有前车之鉴,金融从业者反而不太敢发言，担心过度炒作可能导致金融诈骗或非法集资活动。中国银保监会 2022 年 2 月专门发了涉及元宇宙的警示通知。不过，连监管机构都关注元宇宙了，表明元宇宙的确是来到现实了，而且太重要了。

500 年前，人类探索新大陆时要讲五花八门的故事，要追求财富，要传教布道，甚至犯罪潜逃，真是八仙过海。当然也有的只是抱着单纯的好奇。哥伦布成功了，但也是走错了航道，歪打正着。同样，30 年前的人刚上网的时候，也无法想象今天的互联网社会。因此，还请各位专家们不要过早地定义元宇宙，给元宇宙创业者们一个开放而多元的发展空间吧，让各种奇形怪状的元宇宙都可以并存发展。元宇宙不是专家设计出来的，而是无数人参与市场竞争出来的。所以，我们要让子弹多飞一会儿，不必过早地画地为牢。

DAO 和 Token 是金融元宇宙的动脉

无论线下还是线上，人类有交易就会有金融生态。实体金融的生态就是金融工具、金融机构和金融市场，金融元宇宙（MetaFi）的生态是建立在数字货币和数字资产上的与实体经济的跨线交易。任何一个经济生态都需要适应自己的组织模式和激励方式。政府依靠机构和权力，公司依靠管理和薪酬，元宇宙需要去中心化自治组织（DAO）和通证（Token）。DAO 是建立在区块链和智能合约基础上的分布自治的成长机制。Token 是激励参与者完成交易的驱动机制。

全球各国都在推动数字经济，全球数字资产价值正在急速追赶而且很快就会超越全球实体资产的价值，因此，金融元宇宙将会成为元宇宙的主战场。无论我们是否愿意，各种加密货币与各国央行发行的数字法币之间的竞争正在全面展开，这是技术算法与政府权威的竞争，并不是你死我活的竞争，而是多元并存的竞争。你可以关闭加密货币的交易，但应该关注和研究这个上万亿美元的市场的存在，而且这个市场也是元宇宙的发源地。

这里需要强调几点：

第一，元宇宙没有国门。我们的铁路、电力、科学、金融、互联网和共产主义思想都是从西方引进的，我们应该积极推动与欧美同行的密切交流与合作。

第二，元宇宙没有门槛。从游戏、旅游、消费、制造业到监管，都有广阔的应用空间，要鼓励年轻创业者参与，不要轻易扣帽子建立禁区。

第三，元宇宙没有传统。要给新一代元宇宙人类更多的话语权，让他们主导未来趋势。例如，从金融史的立场看，传统的管制金融与未来的算法金融并没有任何血缘和师承关系，是断代，是颠覆。传统金融人不能过于自信和武断。

优先建立元宇宙金融的法治环境

在元宇宙和金融元宇宙刚刚成为热点时，应该对可能导致对立的情绪和立场有所警惕。一方面，来自创新者的冲动和偏执。创新者认定自己已经看到了未来大趋势，而且锁定了正确的赛道，但其实可能只是盲人摸象而已。另一方面，来自监管者的审慎和紧张。

监管者认定不加管控将会导致非法集资和金融诈骗，将不出事作为第一使命，可能会封住创新的风口。当然，在两个极端之间有非常丰富的创新与监管的博弈空间，这种持续的博弈将同时提升创新和监管的能力。我们希望有一个正常的创新与监管的博弈，合理地发展未来的金融元宇宙。

所有创新都会有各种问题，元宇宙金融自然也是。只要你动用的是别人的钱，无论是现实资产还是各种数据资产，从事金融行为的本质就没有变，就要接受各种法律监管。除了我们熟悉的非法集资和金融诈骗外，元宇宙金融还涉及侵犯隐私、数据产权、加密货币和 NFT 诈骗、市场公平竞争等各种新问题。包括我国在内，各国的监管机构都在关注元宇宙金融的风险，因此，需要更多专家来提前布局监管规则，需要创新元宇宙金融的法治环境。应当说明，法治环境不仅是监管行为和管制约束"亮红灯"，还要建立鼓励创新的安全基础，要给创新者亮"绿灯"和"黄灯"。互联网金融在中国发展的初期，大量的 P2P 和众筹等创新都得到了监管机构的支持，但监管规则迟迟不到位，结果引发大量社会金融风险，一大批意气风发但经验不足的创新者成了少数金融犯罪分子的陪葬，令人惋惜。无论现实中，还是互联网空间，能不能有一个良好的法治环境是元宇宙金融发展的基础。

金融元宇宙要对接现实场景

金融元宇宙不是与传统金融对立的金融，而是数字经济与现实经济融合的金融。仅仅是观念的讨论远远不够，应该踏踏实实地办几件事,真正解决现实的痛点和难点。不可否认,过去20年里,金融科技取得了重大的突破,恰恰在于真正提高了效率、降低了成本,而且服务更为人性化。所以,今天我们有了信用卡、自动取款机(ATM)、微信支付、支付宝、网上银行和网络支付,等等。这些都是金融元宇宙的初级形态。金融元宇宙与中小企业实际需求对接有以下几个场景。

首先,中小企业的金融服务。特别是新冠肺炎疫情中,大批中小企业出现了流动资金短缺和债务纠纷等,政府针对这些问题出台了房租减免等政策并发放了各项补贴,但这些救命钱如何才能真正传递到位?这是非常具体且带有普遍性的难题,传统金融模式处理起来难度很大。但对于金融元宇宙中的区块链、智能合约、通证激励等来说,这正是其用武之地。

其次,中小企业的信用评估。过去几十年,无数机构都希望建立一套企业信用评估体系,但至今没有一套有效的体系,全都好看无用。开发隐私计算技术,在保证数据提供方不泄露原始数据的前提下,对数据进行分析计算,实现数据的"可用不可见",这是建立信用评估体系的核心。金融元宇宙中的自治信用管理模式DAO既能让企业动态、商业机密始终掌控在企业自己手中,又能让企业有动力参与推动区块链智能合约实现。

还有很多现实问题,例如碳中和的金融认证、反金融欺诈和反洗钱的溯源、中小企业破产与重组确权等。其实,在消费金融、供应链金融、税收、账务等无数领域,金融元宇宙都有应用的场景。需要特别指出的是,许多人纠结于元宇宙、区块链、智能合约等的技术环节，对权益证明、拜占庭将军、双花难题和哈希算法等困惑不已。其实，这些都不应该是我们关注的重点。就像我们使用手机和电脑，并不需要了解每个芯片和部件的功能。元宇宙金融的活力就在于所有人都可以应用。

让算法人类主导金融元宇宙的未来

2018年，瑞典中央银行负责人宣布要在2030年取消纸币。2021年，中国人民银行也启动了数字法币的发行，而且是全球领先的速度，最终可能也会取消纸币。要知道中国在1024年，瑞典在1668年分别发行了全球和欧洲的第一张纸币，这两个国家的表态在金融史上意义重大。如同电子邮件消灭了电报和纸质信件一样，数字货币最终会将现在所有的纸币送进博物馆。支付工具的数字化将颠覆并重塑整个金融体系，这当然是现存的权威机构不愿意看到的，但大趋势无法阻挡。金融元宇宙的目标不仅仅是货币的数字化，而是以区块链、智能合约和DAO等为基础的第三代互联网在金融领域的大洗牌。

第一代互联网让我们自由获得信息和发表言论，第二代互联网建立了更为有效而集中的网络平台，但是我们失去了个人隐私和数字所有权。第三代互联网将数字所有权还给我们自己，同时给所有人创造了一个共享公共信息、数字资产和服务，但又独立自主的网络空间。区块链、加密算法、智能合约和Token等技术要素是第三代网络的基础，人为的干预空间大幅减少。需要特别强调的是，成长在互联网空间的新一代算法人类的观念、行为与激励方式全然不同于我们老一辈，这就是苹果、特斯拉、微信、淘宝、美团以及一些网络游戏公司等在过去十几年里全面淘汰了传统产业，也改变了我们生活方式的原因。

很遗憾，我们经历了改革开放的这代人，大部分经验都是对计划经济传统体制的改造，而非互联网世界原住民，没有网游网聊的体验，更没有参与互联网技术与应用的经验。如果我们以现实经验映射未来，基本是非常不靠谱的外行。我们应该由衷地倾听年轻创业者的声音，给他们最大的发言权和主导权。如同30年前的互联网一样，当时的专家都无法想象今天的丰富，我们也无法预测金融元宇宙的未来，把缰绳交给真正推动未来的一代人才是正道。

最后，区块链的故事，DAO的故事，元宇宙的故事，都是激动人心的故事。有伟大的愿景和期待，就一定会有无数的缺陷和问题，也注定会有欺诈和失败。率先进入元宇宙的创业者将面临更多的嘲笑和挫败，但更有创造历史的机遇。人类走向数字经济是不可逆转的历史趋势，条条道路通往数字经济，金融元宇宙就是其中之一。我在这里引用毛泽东当年为井冈山革命写的非常浪漫的三句话，与大家共勉，"它是站在海岸遥望海中已经看得见桅杆尖头了的一只航船，它是立于高山之巅远看东方已见光芒四射喷薄欲出的一轮朝日，它是躁动于母腹中的快要成熟了的一个婴儿。"

王巍

全联并购公会创始会长

金融博物馆理事长

2022年5月30日

序三

通往元宇宙的代码　规划我们美好的未来

当人类祖先开始探索并选择居住繁衍的地理区域时，就意味着宇宙中的人类开始改造物理世界。而今，我们正处于新世界的过渡时期，与当初人类的祖先并无不同，因为我们今天的所有人，都是元宇宙新兴数字世界的共创者。然而，人类在物理世界的状态同新兴数字世界的状态存在着巨大差异。这种差异本质上意味着迭代速度的差异，如何理解这种差异？其实，人类的祖先经过几个世纪持续而不懈的努力，才取得了一点点进步，直到进化到我们今天所生活的现代社会。如今，我们生活在高科技的世界里，这些科技构成了大家能在几年或几个月间迅速构建数字生活的基础。当然，对于个体的人生来说，这种速度的确存在优势，但是同时也存在着负面问题，我们应该明确优势和负面问题之间的区别。

规划我们的美好未来

在新冠肺炎全球流行的背景下,我们希望技术创新能解决全世界面临的传染病问题,但它并没有发挥想象中的作用。不过,新冠肺炎疫情并不算最为严重的问题,真正麻烦的问题在于,如今全球的资源、资金之间的联系已支离破碎。其实存在可以直接解决当前和未来所面临挑战的解决方案。

2019年出版的畅销书《超人类密码》(*The Transhuman Code*)探讨了人类与技术的关系,这本书的内容影响深远。它提出,技术到底是对人性的迭代,还是反人性发明?继而引发了全球范围内的讨论。我们要做的就是采取实际行动,探索如何将人类的价值观与技术相结合,而这种技术将会确定人类将以怎样的方式生活在元宇宙中。伴随着所有人类都逐步成为全球化公民,元宇宙会逐渐影响全球人类的工作、沟通、联系和生活方式。

我们将从2022年开始,通过多媒体交互平台,详细解释元宇宙带来的影响,同时努力集聚全球顶尖智慧和资源,将以人为本的决策和技术结合起来。

我们的目标是识别并激发当前需要的技术

工具和解决方案,为人类的数字世界——元宇宙奠定基础,促进元宇宙和物理世界共同发展,这一系列活动将被称为"通往元宇宙的代码"(*The Code to the Metaverse*)。

大家可以通过三种方式来认知"代码"系列:

第一,可以从物理现实宇宙的公民视角去探索这个系列。人类通过保护共同的价值观、战胜各种障碍，而获得源源不断的繁荣。

第二，可以从数字元宇宙的获益者的视角来看待这个系列。尽管大家享受着数字元宇宙的诸多好处，但也需要看到问题。因为如果管理不善，技术会造成危害。

第三，可以从创新者的角度来看待今后的发展。这些想法、信念和行动，将帮助人类把物理现实和虚拟数字领域的体验整合为一个整体。

一个全新的操作系统

首先需要明确什么可以成为当前元宇宙资源的重点主题（包括主要产业和主流表现形式）。有些元宇宙的重点资源对大家来说，可能很常见，而有些可能会令大家十分惊讶。因为技术的可见性和不可知性同时存在，意识到这样的特点，才可以确保人类始终处于掌舵者地位。

19世纪末发生的一件事，将给我们警示。1895年，德国工程师威廉·伦琴（Wilhelm Conrad Röntgen）发现了X射线的存在。这一发明，引发了一连串更先进的科学发明：伦琴的发现激发了法国科学家皮埃尔和居里夫人在三年后提出放射性理论，约十年后，新西兰物理学家欧内斯特·卢瑟福和英国放射化学家弗雷德里克·索迪发现，放射性是原子分裂的结果。

伦琴、居里夫妇、卢瑟福和索迪都是诺贝尔奖获得者。但是索迪在放射领域的研究却没有受到任何约束。很快，德国的某个秘密实验室引发了美国的回应——曼哈顿计划，美国也建立了自己的核武器秘密设施。1945年8月6日、9日，美国在日本广岛和长崎投放了两枚原子弹，宣告了"二战"的结束，给日本造成了巨大的损失。可以看出，技术带来的伤害在50年前就已经开始了。当时世界并没有对科技进步进行限制，将技术凌驾于人类的价值观之上。如今，全球仍面临核武器带来的威胁。

为了避免新时代灾难后果的发生，几十万个有技术背景的企业家开始努力，做出新形势下的决定。元宇宙汇集的每个人既是创造人类元宇宙的利益相关者，又属于同一个共同体。

迄今为止，科技进步已使干细胞研究、电动汽车和3D打印等优势项目诞生。但属于人类学范畴的操作系统还是不够发达的，十几年前的人类系统就需要升级了。因为，像脸书（Facebook）、推特（Twitter）和亚马逊（Amazon）这样的平台公司正在迅速扩张，而大型医药公司正在通过控制并垄断人类医学所必需的药物维持自己的地位。那时，人们并没有提前预见人类1.0版本所可能遇到的危机，没有广泛认识到迫切需要升级技术管理水平，直到新冠肺炎病毒袭来，人类的弱点才被真正暴露出来。

可以清晰地看到，目前人类的传统底层操作系统已经过时，因为它无法解释人工智能、机器学习和基因编辑等现实技术世界；亦无法解释在这个身份可以被盗、国家投票系统可以被黑、全球新闻可以被捏造的世界里，人类操作系统哪里出了问题。当前人类的底层操作系统，在步入元宇宙时代的过程中，仍具有不确定性，人类仍然需要对整个人类系统升级的功能部署进行优化。

人类2.0版本（Humanity 2.0），可以让全世界了解元宇宙的最新进展和其中存在的潜在威胁，也许在人类的新一代操作系统——元宇宙中，也会存在一些错误，它和人类1.0版本类似，不会完美无缺，也会存在由于人类考虑不周所带来的缺陷，但即使是这样，也意味着进步。

人类系统的升级，会为大家带来效率、安全和进步，有助于大家和新冠肺炎疫情斗争，会把人类的未来引向所有人期待中的进步，但是升级需要元宇宙的标准化才能实现。对于升级后人类所依赖的新兴数字系统和功能来说，也是需要标准化的。

通过与当今最顶尖的人才和机构，包括联合国、世界经济论坛和梵蒂冈博物馆等的对话，我们将探讨未来人类的数字化，特别是探讨个人和集体将以何种方式构建和体验元宇宙。

通往元宇宙的代码

《连线》杂志创始人凯文·凯利（Kevin Kelly）将技术称作"人类加速器"。但是，保护并改进人类的最高价值观，同样也是人类进化的最终目标之一。特别是一旦涉及人们如何体验快速增长的数字世界时，还有诸如以下主题：

1. 元宇宙中的营养摄取

我们将探索如何在元宇宙中改善人们的食物来源，如何持续供应食物和水，以及如何与他人交流。

2. 元宇宙中的生活和工作方式

我们将研究如何通过人们在元宇宙中的生活和工作方式，对交通出行方式、工作、持续教育和金钱的利用方式进行迭代。

3. 元宇宙中的成就感

我们将探讨如何在元宇宙中改善人们的健康，降低保健成本，还将研究如何迭代元宇宙中的核心社区。

4. 元宇宙中的寿命

我们将探讨在没有明确的个人安全管理和政府监督的情况下，你的创新能力虽然在元宇宙中可能快速增长，但你的个人利益和职业受损害的风险也将激增。

这是我们对人类不远未来的开创性探索。《超人类密码》有意提出了许多新的问题，同时也回答了很多问题，为启动新的对话付出了努力，这对于推进大家的更美好的未来至关重要。我们将继续开展这些对话，让大家可以尽早接触到见所未见的数字工具——这些工具将最终定义人们在元宇宙中的生活。我们将确保人类的最高价值观和最为丰富多彩的体验可以被嵌入当今最大的技术浪潮之中。

卡洛斯·克鲁斯·莫雷拉（Carlos Creus Moreira）
全球网络安全公司技术领导者
Wisekey International 创始人兼首席执行官

大卫·弗格森（David Fergusson）
中间市场投资银行 Generational Equity 并购执行董事总经理
2022 年 6 月 18 日

目 录

引言
从 DeFi 到 MetaFi：金融元宇宙的诞生

第一节　从比特币到以太坊 · 003

第二节　从 Web 1.0 到 Web 3.0 · 016

第三节　从区块链到 DAO · 024

第四节　DeFi 的原理与应用 · 029

第五节　从元宇宙到金融元宇宙 · 035

第六节　未来的思考 · 041

第一章
科技助推金融创新

第一节　金融生态的来龙去脉 · 045

第二节　金融观念的演变 · 061

第三节　金融科技的更新迭代 · 067

第四节　金融创新与风险监管：互联网金融、P2P、众筹、加密货币・073

第五节　国外金融科技监管概览・085

第六节　中国金融科技的监管政策・089

第二章
数字金融生态：从账本到投资

第一节　数据与金融：账本、复式记账法、现金流量表・099

第二节　信任机制与算法技术・131

第三节　数字货币的发行、交易与监管・138

第四节　数字资产的创建、交易与转换・144

第五节　加密货币的产业生态・150

小　结・154

第三章
金融元宇宙的要素

第一节　组织结构：DAO・164

第二节　激励机制：Token・175

第三节　基因：NFT・186

小　结・208

第四章
金融元宇宙的监管

第一节　金融元宇宙与区块链的结合及其风险・211

第二节　金融元宇宙"去中心化"的法制挑战 · 216

第三节　金融元宇宙自生规则与法制的分立 · 219

第四节　基于代码治理的金融元宇宙 · 222

第五节　元宇宙与传统互联网的监管差异 · 225

第六节　金融元宇宙"再中心化"与监管可能性 · 228

第七节　重点监管阶段的配置与基本原则 · 234

第八节　监管的几种途径 · 238

第九节　监管方式存在的局限 · 243

小　结 · 249

第五章
金融元宇宙数字藏品案例和七方共赢模型

第一节　金融元宇宙数字藏品案例 · 255

第二节　《金融藏品元宇宙》"七方共赢"改进方案 · 267

附录一
金融博物馆元宇宙的探索与应用 · 273

附录二
作者团队 · 285

参考文献 · 287

引　言
introduction

从 DeFi 到 MetaFi：
金融元宇宙的诞生

第一节
从比特币到以太坊

现代经济的发展离不开科技的推动

互联网技术带动生产效率快速提升,也促进了经济的繁荣发展。20世纪后期,我们见证了信息革命和金融市场的崛起,信息革命解放了生产力,金融市场构建了新的财富创造能力。技术变革和创新,主要是优化了生产结构,而金融资本的催化使得技术应用进一步商业化,而后,科学技术应用迅速普及,给人们的生活带来了便利和全新的应用场景。假如时光倒流,回到19世纪,大家很难想象未来会出现今天我们每天使用的互联网、在线应用程序、数字化场景等。

货币的表现形式一直在不断进化,从贝壳到黄金,再到纸币。而从大的历史周期来看,科技发展的日新月异,给人类的未来带来巨大的想象空间。那么,未来世界比如元宇宙中的金融体系和货币形态会是怎样的呢?它们是如何一步一步发展起来的呢?和经济、社会、科技体系的关系又是怎样的呢?

信用和加密货币体系的发展

2008年金融危机后,出于对传统金融体系缺陷的思考,比特币白皮书面世,其中呈现了一种全新的去中心化货币系统设计方式。自此之后,关注加密领域的人越来越多。整个新型的生态从最开始的新型货币表现形式(比特币),进化为一个新的金融体系(以太坊和多链共存的模式),再演化为新型价值互联网——Web 3.0(基于公链的整个加密应用生态)。

无论是加密货币的拥护者、科学家、企业家还是监管机构,都逐渐开始把区块链作为一种新兴基础设施来进行探索,致力于研究它能解决的问题,发掘区块链和密码学在金融和更多场景的具体应用。

那么今天我们该如何理解加密货币在其中扮演的角色?

理解加密货币,不能完全用以前教科书中的定义与传统货币进行对比。

从货币的角色来看,大部分传统教科书对货币职能的定位是:价值尺度、流通手段、贮藏手段、支付手段和世界货币。价值尺度和流通手段是传统货币最基本的职能,作为流通手段和价值尺度的传统法币占主导地位。因为人们生活中见到的多数商品的价格和劳动者的工资,多以传统的法定货币计价。如果在日常生活中增加其他种类的记账单位,将大幅度增加经济主体的成本。

由于各国中央银行担任着控制通胀、稳定价格的角色,法定货币的通胀情况会被控制在一定水平内[①]。

值得注意的是，我们不能将货币的金钱属性、记账属性和支付方式混淆。举个例子，拿古时候的黄金来说，一盎司黄金是一种资产，也是一种记账单位，还可以用作支付手段（消费时，直接把黄金交给卖方即可）。目前，我们生活中的大部分货币都是电子形式的，以数字的方式存放在银行账户里。

但是传统金融体系存在一些问题。例如，很多传统金融机构的用户会遇到银行转账和结算系统较为缓慢，很多金融机构到节假日就停止业务等情况。数字货币的出现给大家带来了一些新的思路，是否可以使用安全可信的区块链，抽取数字货币的优势及其可用的基础架构承担部分货币的角色，提供支付服务？这也是很多公司正在探索的业务创新。

需要明确的是，以区块链技术作为基础设施的加密货币，其优势并不是它的电子形式，而是这些加密货币提供了一个统一的系统，也就是说所有账户都位于同一个"账本"中（有点像我们所有人都在同一家银行办理业务）。

之所以强调区块链的创新性质，是因为部分加密货币可以作为对传统货币体系存在的固有缺陷进行反思和优化的模板。当然，这种模式也带来了新的思考方向：交易数据储存去中心化和账户的去中心化，是否优于传统的金融模式？

区块链的确是可能解决支付系统效率低下问题的方式之一，不

[①] The blockchain catalyst for change：Michael Casey, Jonah Crane, Gary Gensler, Simon Johnson, Neha Narula 16 July 2018.

过，还需要继续探索各类不同的技术解决方案。目前，许多中央银行和金融机构正在试验各种形式的分布式账本技术，以及分布式账本如何在元宇宙中使用。这些探索为未来金融系统效率的提升带来了新的可能性。

协作和去中心化的社会思潮的起源与发展

早在16世纪，就有学者提出合作社的概念。1829年，法国的空想社会主义学家傅立叶发表《经济的和协会的新世界》[①]，提出社会成功的秘诀主要是合作，彼此合作的社会可以提高生产力水平，工人将根据贡献获得劳动补偿。这是合作经济最早的思想源头之一。

之后，资本主义迅速发展，但是人们发现，这种自由市场在促进商业快速发展的同时，也给社会的分配带来新的问题：分配不公，大型商业平台垄断等。随着数字时代的普及，人们的工作方式趋向灵活，单纯依赖个人就能够独立完成的工作越来越多。随着交易成本的持续下降，商业经济体中的原子单位在持续变小，这会产生更多的合作空间。

新冠肺炎病毒的流行使线上远程工作模式得到了普及。以后人们工作的灵活度会越来越高，大家可以将自己的技能应用到不同的公司，其角色将介于外包和全职员工之间。如果我们从更深层次

---

① https://en.wikipedia.org/wiki/Charles_Fourier

看，这种流动的工作态可以为人们提供更大的选择性，每个人都可以和其他人协作完成项目，可以用去中心化的方式构建属于自己的强大的动态团队。

中心化与去中心化，并非二元对立

我们一直在讨论中心化和去中心化，有时甚至会把两个概念完全对立，但是还有一种新的理解方式解释中心化和去中心化的关系。其实，从中心化到去中心化，是一个过渡的频谱①（如图引1）。为什么这么说？举个例子，完全的中心化也许只有单点联系的一个组织；而完全的非中心化，可能是所有人都分散，没有任何交集。

图引1　从中心化到去中心化是一个过渡的频谱

实际情况是，目前很多公司甚至很多其他形式的组织结构其实都是介于这两种极端情况之间，虽然每个人都对首席执行官负责，但也经常基于部门或者业务项目，团队在整个组织中被灵活拆分，从而实现某种程度的去中心化。

更确切地说，完全的无控制组织和完全中心化的组织，都不一

---

① 参见 https://annikalewis.medium.com/decentralization-is-not-binary-45bbb9946fad

定是大家所希望的结构。在大多数情况下，需要根据业务模式，选择具体的组织形式。

信任问题的解决

倘若剥开比特币和区块链的技术外壳，从加密领域的社会学意义来看，如何理解加密文化呢？与传统形式的数字货币不同，加密货币通过密码学技术和新的网络模型进行Token的发行和价值转移，而区块链的出现，实质上解决的是信任问题。

我们可以把信任理解为三类（见图引2）[①]：第一类是社会中行为个体之间的人际关系信任；第二类是个体行为者和机构或系统间的信任；第三类是机构之间的信任。

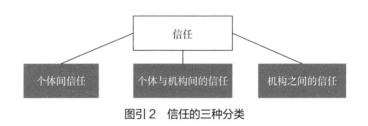

图引2　信任的三种分类

在没有区块链技术之前，信任出现存在几个条件：一是信任源于一方的态度和信念；二是信任是另一方可以感知到的可信度因素，这种因素通常基于过去的行为和声誉，可验证、可感知；三是

---

① 参见 https://policyreview.info/glossary/trust-blockchain#:~:text=Blockchain%20technology%E2%80%94which%20was%20first,intermediaries%20such%20as%20banks%20obsolete.

信任的各方存在于广泛制度环境中，有共同的规则，可以为各方提供包括法律文书、合同、监管、行为守则等结构性保证。

理解分布式技术中的信任，就要理解分布式技术在社会系统中的角色。分布式系统如何将人们联系起来？如何维护个体在人际信任维度的协作？2008 年区块链技术被比特币的出现广泛推广之后，人们将其称为基于密码学的解决信任问题的系统，它有可能取代传统的中介。也就是，网络参与者之间的所有交互行为都可以由数学和加密代码完成，而不是过去的人类来协调。

区块链是可以降低信任成本的机器，将对未来的社会协调产生革命性质的影响。

比特币的诞生

从密码朋克的探索到比特币的诞生[①]

密码朋克（Cypherpunk）最早用于形容一群热衷于计算机科学和密码学的技术专家，其中包括埃里克·休斯（Eric Hughes）、蒂莫西·c·梅（Timothy C. May，英特尔的电子工程师和高级科学家，很早就财务自由退休了）和约翰·吉尔摩（John Gilmor）等。受 20 世纪后期自由软件运动和开源精神的驱动，密码朋克们喜欢参与解决软件系统的局限性，用技术解决难题，以探索的精神进行计算机领域的创造。

---

① 本节内容作者 2022 年 3 月 9 日发表于公众号阿法兔研究笔记，收录进此书时有删改。

出于对计算机领域的热爱，密码朋克们思考，既然互联网是无国界和国际化的，那么，可否存在一种源于计算机网络的原生货币？20世纪80年代，密码学家大卫·乔姆（David Chaum）就匿名的数字现金和假名系统等主题发表了大量论文。1990年，大卫·乔姆发明了数字货币eCash，特性是可以用密码学保护用户隐私。

eCash是数字货币的重大飞跃。不过，1998年，由于越来越多的用户开始使用信用卡和PayPal，运营eCash的DigiCash公司面临激烈的商业竞争，无以为继，就破产了。密码朋克们看到了这种失败，并意识到eCash的缺点：数字货币不能单纯依赖于某家公司，如果数字货币想要蓬勃发展，就必须实现真正地去中心化。

密码朋克们发起了许多实验，包括Mojo Nation（Mojo是一种数字现金货币，旨在以完全分布和激励兼容的方式提供抗攻击和负载平衡）。除了密码朋克们，还有很多公司开始致力于构建数字货币。1996年成立的e-gold是最早创建数字货币的互联网公司之一，比PayPal还早两年。e-gold发行了由黄金储备支持的数字货币，任何人都可以持有和转让。

鼎盛时期的e-gold十分受欢迎，每年处理超过20亿美元的转账。不过，由于它对注册几乎没有限制，因此e-gold被诈骗者和网络犯罪分子利用。之后，美国监管部门注意到了这件事，经过漫长诉讼，2008年7月，e-gold三名董事接受检察官调查，并最终对"共谋洗钱"和"无牌运营货币转移业务"两项罪名认罪。2009年，

e-gold 关闭。

1997 年，亚当·巴克（Adam Back）创建了 Hashcash，首次尝试了匿名交易系统。1998 年，戴伟（Wei Dai）发表了关于 B-Money 的提议。这项提议指出了两种维护交易数据的方法：（1）网络的每个参与者都将维护一个单独的数据库，用于记录用户的资金数额；（2）所有记录都由特定的用户组保存。

戴伟提出的方法被称为"权益证明"（POS），以太坊（ETH）借鉴了这个思路。2004 年，哈尔·芬尼（Hal Finney）借鉴了亚当·巴克的 Hashcash，创建了 RPoW（也就是 BTC 所采纳的工作量证明的重要参考要素之一）；2005 年，尼克·萨博（Nick Szabo）发布了基于哈尔·芬尼和之前很多想法的 Bitgold 的提案。2009 年 1 月 3 日 18 点 15 分，中本聪（Satoshi Nakamoto）创建了比特币世界的第一个区块（block）。

比特币世界的规则是，所有在 BTC 系统里的人，都可以通过解数学意义上的谜题，来获取一些比特币。算力越强，某种意义上就可以越快获得比特币奖励。

从布雷顿森林体系到金融危机

1944 年 7 月，44 个国家在美国东部召开联合国和盟国货币金融会议，讨论战后国际货币应该如何安排。布雷顿森林体系奠定了以"美元－黄金"为基础的金汇兑本位制度，以美元为中心的国际货币体系形成。而后，随着战后各国经济发展不平衡，加上布雷顿森林体系本身的制度缺陷，包括美元的角色属性问题，以及美国出于当时自身利益的考虑等，布雷顿森林体系瓦解。人们开始探讨，未来国际货币体系除了主权货币当道，是否还存在其他可能性。

金融危机的再思考

2007年，金融危机爆发。次级抵押贷款规则崩溃，违约率开始攀升。同时，全球市场对安全金融资产的需求逐步加大，刺激了华尔街各家金融机构开始销售复杂的、新的金融工具，而后华尔街巨头雷曼兄弟破产，引发了全球范围的经济危机。部分学者认为，此次金融危机是因为短期流动性问题；还有专家认为，金融危机爆发实质上是因为信任的崩溃，即社会对金融机构丧失了信任，因为就在倒闭几个月前，雷曼兄弟向社会公布的财报营收达40亿美元，很可能当时的财务报表并不真实。

中心化金融机构是否存在问题？货币流动性是否有更优的解决方法？就在金融危机大爆发的第二年，2008年，中本聪在某个密码学讨论小组发布的比特币白皮书《比特币：一种点对点的电子现金系统》（*Bitcoin: A Peer-to-Peer Electronic Cash System*）中提出：如何不通过银行这类第三方中介机构，就能构建可信的交易网络？比特币电子货币系统独立存在，不需要第三方机构背书，就可以实现点对点的电子货币转账。至此，比特币正式诞生。

2009年1月3日，中本聪在芬兰赫尔辛基一个小型服务器上首次构建、编译了一项开源代码，运行了SHA256运算。

Bitcoin: A Peer-to-Peer Electronic Cash System

Satoshi Nakamoto
satoshin@gmx.com
www.bitcoin.org

Abstract. A purely peer-to-peer version of electronic cash would allow online payments to be sent directly from one party to another without going through a financial institution. Digital signatures provide part of the solution, but the main benefits are lost if a trusted third party is still required to prevent double-spending. We propose a solution to the double-spending problem using a peer-to-peer network. The network timestamps transactions by hashing them into an ongoing chain of hash-based proof-of-work, forming a record that cannot be changed without redoing the proof-of-work. The longest chain not only serves as proof of the sequence of events witnessed, but proof that it came from the largest pool of CPU power. As long as a majority of CPU power is controlled by nodes that are not cooperating to attack the network, they'll generate the longest chain and outpace attackers. The network itself requires minimal structure. Messages are broadcast on a best effort basis, and nodes can leave and rejoin the network at will, accepting the longest proof-of-work chain as proof of what happened while they were gone.

图引3　《比特币白皮书》

资料来源：比特币官方网站。

比特币的技术手段是怎样的？

比特币采用了区块链和分布式账本的记账手段，重点是密码学，比特币交易验证时，主要是靠密钥签名的方式进行身份验证。总结一下，比特币的特性主要有以下几点。

1.去中心化：区块链中的去中心化，是指控制决策权不属于中心体（如个人、组织等），控制决策权转移至分布式网络。

2.无须信任的系统：区块链行业的无须信任，指的是当运行网络或支付系统时，不需要对任何机构、第三方进行唯一信任（授权）。无须信任系统，通过区块链网络资深的代码、密码学和协议构建共识。

3. 不可篡改：区块链技术通过随机、不可逆计算、时间戳来保证不可篡改。

比特币的价值逐渐被越来越多的人接受，也出现了各式各样的数字货币，区块链作为能解决实际问题（篡改、透明度问题）的技术手段，被更广泛地应用到了各行各业中。去中心化技术的普及，构建出一个个去中心化的基础设施和去中心化应用。在去中心化技术的数据传输中，所有的记录都会被留存下来。

比特币存在的问题

比特币仍有优化的空间，例如，它的可扩展性相对较弱。举个例子：每当有人想要新建一个数字资产交易平台，都要重新编写建立一个类似比特币的系统。那么，有没有一个通用的办法，可以解决这个问题呢？

以太坊的诞生

2013年，出生于加拿大的俄罗斯裔工程师维塔利克·布特林（Vitalik Buterin）发布了以太坊白皮书，创立了以太坊。白皮书提出，通过以太坊，开发者可以构建任意基于共识、可扩展、标准化、特性完备和易于开发及协同的应用。

2014年，维塔利克在北美比特币大会上官宣以太坊正式成立。以太坊的初创理念是，通过通用的去中心化网络，以开源的模式，创建一个开放的区块链平台，任何人都可以编写自己想要编写的应用。以太坊的目标是打造一个可扩展性强、效率高的基础协议，通过以太坊，各类分布式应用程序都可以在以太坊中运行。

2013年，新闻指出谷歌、微软、脸书、雅虎、油管等服务商的服务器直接收集信息，很多人对用户的数据隐私产生了疑虑。2014年，以太坊联合创始人兼首席技术官加文·伍德（Gavin Wood）发表了一篇博客，针对互联网数据隐私保护问题进行了思考，首次提到了Web 3.0这个概念[①]。而后的十余年，各类新兴加密货币进一步发展，去中心化技术逐渐成为各类去中心化应用（Dapp：指的是运用区块链技术，运行在分布式网络上，在不同网络节点，进行去中心化操作的应用）、去中心化金融（DeFi：运用去中心化技术和区块链技术构建的加密金融体系）的核心技术。其中蕴含的去中心化理念，作为新的价值提供范式出现。而越来越多的去中心化技术和加密生态的组成部分[②]，共同构成了新的生态系统，即今天我们所说的Web 3.0。

---

① https://gavwood.com/dappsweb3.html
② https://hackingdistributed.com/2018/01/15/decentralization-bitcoin-ethereum/

第二节
从 Web 1.0 到 Web 3.0

Web 3.0 是以区块链技术为基础，以去中心化协议为载体的下一代价值互联网，其特性是数据属于用户，网络以去中心化的形式互联。不同的历史阶段，对互联网的理解是不同的。理解 Web 3.0，首先要理解前两代互联网——Web 1.0 和 Web 2.0。那究竟什么是 Web 1.0 呢？

Web 1.0：静态、只读互联网

Web 1.0 是互联网发展的第一阶段，最早源于美苏冷战期间的军事领域。当时，为了应对随时可能爆发的战争，保证通信设备在战争期间仍然能够正常运转，1958 年，美国成立了美国高级研究计划局 ARPA，创建了 ARPANET（中文称为"阿帕网"）；1969 年，首台计算机接入阿帕网，实验正式成功，几年后，网络进一步普及。

20 世纪 80 年代，为了让网络的交互标准化，TCP/IP 协议正式

发明，这个协议可以将多个独立网络彼此连接；之后，在美国国家科学基金会支持下，ARPANET 的应用范围进一步扩大。HTML（超文本标记语言）的发明，为第一代互联网在全世界的普及奠定了基础。

1990年，欧洲核子研究组织（European Organization for Nuclear Research，简称 CERN）的科学家蒂姆·伯纳斯·李（Tim Berners-Lee）发明了超文本标记语言（HTML），宣告万维网的发明。1993，随着联合国和白宫正式接入整个互联网，Web 1.0 开始逐渐被大众接受。

通俗地讲，万维网（World Wide Web）其实是一个信息系统，它的架构模式是客户端/服务器，其中的文件和其他资源，由统一资源定位器（URLs）识别，通过超文本传输协议（HTTP）传输，用户通过网络浏览器来访问，Web 1.0 互联网是静态的。

怎么理解静态呢？

图引 4 为 20 世纪 90 年代初 Web 1.0 的形态，可以明显地看出，这个时期的网站主要提供信息的阅读。普通用户在 Web 1.0 时代只能浏览网页，不能留言，也不能和网页互动。

20 世纪 90 年代，互联网逐步开始繁荣发展。这个时候，各个网络协议（如 HTTP）和电子邮件协议（SMTP）开始出现，最早它们其实是学界和政府作为一种共享资源所设计的。不过，很多今天的互联网巨头，如谷歌这样的公司，开始也都是在这些协议的基础上发展起来的。

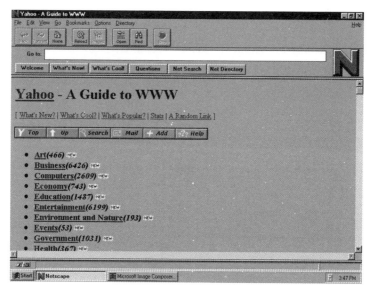

图引 4　Web 1.0 时期的网站

图片来源：https://www.w3.org/

Web 2.0：可读可写的互联网

2000 年前后互联网泡沫破裂，很多互联网公司倒闭，部分人有了改进互联网的想法。于是，Web 2.0 的模式逐渐产生，Web 2.0 的显著特征是，网站内容开始由用户参与创建，社交媒体开始出现。例如，像 Twitter 和 Facebook，开始围绕社交媒体业务建立起来。这个时期的互联网不像 Web 1.0 时代那样只提供网页信息供用户阅读，而是用户可以和互联网进行交互，自己写内容（博客）、上传视频（YouTube）等。具有强大网络效应的企业层出不穷，涌现出各类全新的商业模式。

人们可以通过 Facebook 互动、点赞、加好友，通过 YouTube，人们可以把自己喜欢和创造的视频上传到平台上。2007年iPhone面世。随着移动操作系统的发展，移动互联网也开始迅速发展，如打车软件Uber这类移动互联网应用和O2O（Online to Offline）开始进入人们的生活。

不过，这些科技公司也存在潜在的问题。

首先，架构系统呈现高度集中化。用户注册时需要把个人信息提供给这些平台，才可以获得平台的免费服务。于是负面效应就出现了：用户的隐私信息被这些平台所掌握。

其次，个人数据完全被平台控制。通过控制数据，这些商业公司实际上控制了网络。一个典型的场景就是，用户加入某个互联网平台建立了自己的账户，如果平台想给用户推送更多广告，或者提高服务的价格，由于用户的所有数据都在平台上，通常用户没有任何反抗之力。

再次，严重制约了中小企业的创新。对于中小企业来说，通过巨头平台进行运营，如果巨头想要提高广告费用，或者改变了算法推送，中小企业没有任何谈判的权力，完全处于弱势地位。

Web 2.0的赢利模式通常是先通过大规模营销投入，或者免费机制吸引用户，提高市场占有率，然后，等用户数量达到一定量级，就会开始收取高昂的费用。同时，尽管人们每天使用移动互联网时代的社交媒体，但实际上，用户并没有参与到整个系统的建设中，这是一个互联网巨头垄断的世界，最大的企业会制定整个世界的商业规则。那么，是否存在一个打破Web 2.0公司垄断模式的创新，可以改变目前市场参与的规则？这就是Web 3.0所赋予未来互联网的可能性，在 Web 3.0 的世界里，每个人都有可能拥有 Web 3.0 的数字所有权。

Web 3.0

基于 Web 3.0 的去中心化的价值互联网，可以支持分布式基础设施框架，通过去中心化技术（分布式账本和区块链等），保证数据传输和交易的透明化、可验证和不可篡改性。Web 3.0 集成去中心化技术后，能改变 Web 2.0 时代个人数据被巨头完全垄断的情况。同时，用户的隐私也会被进一步保护，通过用户数据卖广告赚钱的情况也将不再出现。

Web 3.0 的三个阶段

区块链和加密货币提供了构建 Web 3.0 的可能性，代表一个用于重构互联网的新架构。理解 Web 3.0 需要从以下三个阶段开始：第一阶段是以比特币为代表的新兴数字货币阶段；第二阶段是新兴的金融系统发展模式；第三阶段是新兴的具备广泛应用场景的互联网和应用程序模式。

图引 5　Web3.0 的三个阶段

在 Web 3.0 中，有一个非常重要的元素，叫作 Token（通证），包括 FT（Fungible Token）和 NFT（Non-Fungible Token）。Token 的出现，从数字的角度确认了 Web 3.0 用户的创作权利，让他们真正拥有了不同场景的数字资产。

Web 3.0 的协议商业模式（Protocol）

Web 2.0 时代的协议主要以通信协议为主，还有简单邮件传输协议（Simple Mail Transfer Protocol，简称 SMTP），不过从开发者的角度来看，工程师并没有直接获得报酬。直到后来 Outlook、Hotmail 和 Gmail 等企业开始广泛地应用这些协议，开始在 SMTP 上开展业务，这些协议才被广泛推广了起来。

到了后来，人们发现，很难在 Web 2.0 时代再创造新的协议。主要原因是并没有良好的机制激励工程师去开发新的协议，开发者也无法通过创新和维护协议获得货币化回报。但是，Web 3.0 时代的协议就不同了，开发者创建的协议可以直接以 Token 激励的商业模式进行协议开发，为团队和未来维护协议留一部分用于激励的 Token。这种激励有很大的想象空间，因为如果协议后来获得成功，开发者将获益颇丰，这直接鼓励了创新。可以想象，所有参与构建 Web 3.0 中未来发展为像谷歌、Airbnb、YouTube 这样体量的巨头，不论是房东、工程师，还是用户，都可以拥有这个网络（协议）的一部分，可以参与治理，获得激励的分配。

如果我们拿比特币的模式举个例子，通过下载比特币的源代码，所有人都可以成为比特币节点，比特币要求加入系统的节点需要用工作量证明,就是用算力解开密码学难题,这些节点被称为矿工,比特币系统会向矿工奖励比特币作为工作量的"证明",本质上是一种激励机制。同样,这种商业模式可以被推广到更多网络和协议中去。对于加密网络来说,创业团队可以授予贡献者或者参与者部分基于 Token 的所有权,其本质有点像创业公司的股权,越早加入网络就越有价值,早期成员可以获得更多所有权。

解决早期冷启动问题

通常,Web 2.0 的公司在初创阶段,会通过股权分红、期权等吸引员工加入,也会遇到一个模式的冷启动问题:如何获得第一批用户?在全网流量还比较便宜的时候,互联网初创公司可以通过网络营销、意见领袖广告投放等方式提高自己的早期知名度,获得种子用户。但是,随着平台流量成本越来越高,投放成本越来越高,初创公司今时今日的冷启动难度要比过去难度高很多。

在 Web 3.0 世界里,冷启动有了新的玩法——去中心化应用程序可以用 Token 激励全球所有的潜在用户在早期阶段加入共创。从成本上,Token 比投放要低不少;从空间上,用户获取的范围超过了国界,而早期参与建设网络的用户其实是更忠实的应用粉丝。Token 和 Web 3.0 的去中心化模式,也给很多企业带来了改变的契机——部分基于网络效应的企业将开始去中心化改造。Web 3.0 的发展,给了很多创业者平等获得投资的机会。因为区块链其实超越了地域,全球任何人都可以为项目做出贡献。在偏远地区启动的 Web 3.0 项目,其实和硅谷启动的项目位于同一网络(全球区块链)上。

小结

Web 1.0 就如同一条单行道，信息只能从网站流向用户。（网站→用户）

Web 2.0 像一条双向的道路，用户既可以访问 Web 2.0 网络，也可以积极参与 Web 2.0 建设。（双向交互）

Web 3.0 是一个互联互通的去中心化式互联网。

在 Web 1.0 时代，信息的传输是单向的，没有用户端的交互。

Web 2.0 赋予用户编辑、使用和与信息交互的权利。然而，隐私保护仍然是一个问题，用户参与的价值没有得到体现。Web 3.0 打破了 Web 2.0 带来的大型中介平台垄断，将以平台为中心的价值分配模式转变为允许每个为平台创造价值的参与者分享利润的模式。

Web 3.0 具备解决目前的隐私问题、挖掘金融包容性的潜力。去中心化的协议和 Token 分别从技术和金融两方面为全球化的平等提供了机会。每个人都可以参与贡献，创新的机会也会增加，消费者和企业也将在这种发展中拥有更多新的选择。

当然，我们也要清醒地意识到，即将到来的 Web 3.0 浪潮，也会经受各式各样的考验，优秀的、真正有应用场景的项目会穿越周期，成长起来。

第三节
从区块链到 DAO

区块链的特征

从架构和业务上来说,区块链可以解决信任问题。于是,在 Web 3.0 这样的生态中,价值以可信的形式,交付至所有普通用户。业务被领域专家抽象出来,成为智能合约中的代码,再与社会关系结合在一起。也就是说,区块链可以用技术替代很多传统的机构中介。

什么是 DAO?

DAO 是 Decentralized Autonomous Organization(去中心化自治组织)的缩写[①],是建立在区块链和智能合约基础上的分布自治的成长机制,是一个围绕区块链中编码的硬编码规则进行交互的社区。

---

① 参见 https://ethereum.org/en/dao/

我们可以把 DAO 理解为一类全新的组织结构形式，这样的组织没有中心管理机构（没有董事长、总经理这样的决策层）通过公开透明的方式和区块链上的智能合约，把组织规则前置。像每个公司有着不同的愿景一样，每个 DAO 也有自己的目标，成员们通常会通过投票的方式进行决策。

图引 6 可以帮助我们了解中心化组织和去中心化组织的架构区别：

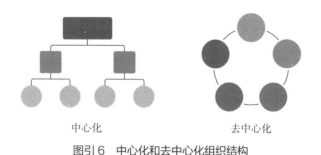

中心化　　　　　　　　去中心化
图引 6　中心化和去中心化组织结构

来源：https://managementweekly.org/centralized-vs-decentralized-organization/ by Arindra Mishra

图引 6 中所展示的中心化和去中心化组织结构的区别一目了然。从 DAO 的英文全称 Decentralized Autonomous Organization 可以看出，从概念分解的角度来看，它包含两个重要特征，即去中心化和自治。

去中心化利用分布式系统的优势，保证了网络的开放性，这也是区块链的基本本质。Autonomy 一词源于英语单词 Autonomous，翻译为"自治"。需要注意的是，这个词最开始通常被刚刚接触区块链及 DAO 的人误解为自主治理，但实际上，意为"自动自发，无须人工干预"，即无须人工干预的自动运行。可以进一步理解，组织中的具体操作活动是由预先编写的代码生成的。组织活动触发特定条件后，智能合约将自动启动和执行，组织将自行管理。然而，几乎所有 DAO 都尚未实现真正意义上的自治，只有通证分发依赖于区块链算法，人类治理仍然是主要方法。不过这也更符合维塔利克·布特林（Vitalik Buterin，以太坊发明者、创始人）定义的道德三维度：自治为主、人治为辅、拥有内部资本。

理想程度上，DAO 应该是一个基于智能合约公开透明的组织，不受中心化机构影响，由其中的所有利益相关者共同控制。

与传统意义上中心化和有管理者的组织不同，DAO 的金融交易记录和程序规则保存在区块链中，组织通过公开的管理规则和 Token 经济模型的激励，实现自我经营、自我治理和自我进化，进而实现组织的最大效能和价值流转。

通过计算机程序和智能合约，DAO 在内部自动化处理原本由人类完成的功能，让具有共同目标的成员平摊风险，共享回报。DAO 的核心目标，是为未来企业提供一种全新的去中心化商业模式，通过一套可编程的激励措施，可以在 Token 持有者之间分配，本质其实是一类新型（在线）组织。

DAO 有以下特征：

1. 清晰的结构和路线图：组织愿景由成员共同设定，成员可以控制并决定 DAO 的未来。

2. 平等投票：所有成员可以通过投票，参与重要决策。

3. 规则前置：自动化决策流程，在一定程度上可以消除人为错误、内幕操纵等。DAO 的规则由透明的计算程序抽象化表示。

4.代码开源：DAO 的代码是开源的。

5.Token：很多 DAO 拥有属于自己的 Token，这些 Token 是可以决定投票权的因素。

区块链和组织模式治理

从管理的角度来看，区块链的应用范式，为人们提供了不同的组织治理模型。那么，DAO 的治理，是应用了区块链的哪些独有特性呢？

首先，共识机制逐渐取代工作量证明，这样可以降低集中程度；其次，直接在区块链中实施治理，创建互操作性协议，促进区块链之间的通信，防止赢家通吃，主要区块链在设计上保持去中心化，单个区块链的主导地位不会成为严重的问题。从信息传递模式来说，科技信息行业通常具备强大的网络效应，包括 AT&T、微软、谷歌、Meta 在内的企业，可能会对信息传递造成巨大影响。

新型组织模式的思考

DAO 的出现，为我们提供了一个重新思考组织架构模式的角度。对于去中心化自治组织的结构来说，这类系统不存在中心化机构的等级制度和中心信息系统，DAO 的信息是分布在整个系统中的，也就是说，信息和知识可以自然地从系统边缘进入系统，是最实时的信息产生的地方。这种方式，可以优化信息流，因为信息可以通过动态反馈得到优化。所以，从信息传递架构上来说，这样的系统，会更加具备抗攻击性。从治理来说，在传统等级森严的组织形态中，管理能力存在于等级树状的结构中。DAO 是经济组织理念的范式转变。它提供了完全的透明度、完全的股东控制、前所未有的灵活性和自主治理。

DAO 的组织模式，可以为分布式的共享经济提供技术和组织上的支撑，尽管还处于探索阶段，但是它和传统公司、风险投资基金和众筹平台完全不一样，代表了经济组织的范式转变。因为它的透明度、股东控制的方式和灵活度、自行治理都是新的，也就是说，DAO 可以为新兴商业崛起提供新的机会，通过一行代码来启动新的组织模式，而且互联网上的任何人都可成为这些组织的所有者，DAO 可以让比以往任何时候更多的人充分参与创新经济并从中受益。

DAO 仍处于初级阶段，还有很多需要解决的问题。不过，在一个自动化程度越来越高、人工智能应用越来越频繁的世界中，DAO 很可能在未来几十年内成为一种常态化交易。目前很多金融领域的高频交易员都已经靠算法进行交易，DAO 可以为算法快速无缝地协助公司实体做出日常支出决策乃至治理决策打开大门。人们甚至可以想象一个完全自主的经济组织与世界上的谷歌和亚马逊竞争的未来。

第四节
DeFi 的原理与应用

什么是 DeFi？

DeFi（Decentralized Finance）译为去中心化金融[①]，主要指以区块链技术为基础，通过智能合约的方式，不需要依靠银行或交易所等传统金融中介的新型金融模式。DeFi 包括一系列传统金融里服务的去中心化表现形式和应用。DeFi 旨在建立一个全球化的开放金融模式，建立在开源和开放的原则上，其目标是创造一个更快捷和透明的金融系统。DeFi 的特性是开放、透明，把部分传统金融的业务和功能，映射到 Web 3.0 和加密系统中。在 DeFi 运行的世界里，智能合约代替了传统的金融中介，旨在将业务抽象，然后编程代码可以根据条件自动执行，这种场景将运行在金融领域的资金入账、转账、持有和记录等业务中，并且智能合约是公开的，任何人都可以检查和审计。

---

① 参见 https://ethereum.org/en/defi/

DeFi 与传统金融的对比

目前的传统金融,存在一些问题,例如,并不是所有人都有机会应用我们今天所习以为常的金融服务(例如贫困地区),以及大部分金融服务会存在各种附加费用和服务溢价。2000 年前后的互联网热和 2010 年前后的金融科技狂热,只是将现有的金融体系包了一个数字化的壳。尽管网上银行和移动支付无处不在,但是,部分金融业务的后端仍然存在缓慢、效率低下的问题。例如:结算时间要很久,周末和假期不营业,以及高昂的中介费用。

去中心化的 DeFi 是建立在加密数字网络上的新型资本分配和价值转移方式,具备变革效应。

从格莱珉银行到普惠金融

目前金融体同样存在难以解决的问题,尽管我们经历了数次股市崩盘,以及 2008 年的金融危机,但是在世界大多数国家和地区,金融部门的规模和金融工具的重要性并没有降低。孟加拉国的穆罕默德·尤努斯(Muhammad Yunus)2006 年获得诺贝尔和平奖,他创办的格莱珉银行(Grameen Bank,孟加拉乡村银行)帮助很多贫困地区的人获得了金融服务。普惠金融,也是联合国 2030 年可持续发展目标的关键目标之一。更具体地说,普惠金融被认为是实现其他可持续发展目标的核心推动因素,包括消除饥饿、消除贫困、实现妇女经济赋权、实现性别平等、促进就业和经济增长等。而今天的数字原生金融实践，也给新的多元化金融或者普惠金融带来了可以探索的空间。通过 DeFi，世界上所有用户，都可以通过一个简单的钱包，享受到金融服务，包括基于区块链的转账、交易等，还可以进行其他金融活动，例如保险、贷款等，同时保证自己对资产的充分控制。

DeFi 的特征

DeFi 同样也起源于比特币，其核心思想是用户可以拥有金融价值。DeFi 流动性范围比较大。以太坊的金融系统对比特币系统进行了优化，并且开了可编程数字货币与智能合约相结合的先河，这其实给下一代金融系统带来了很多全新可能性。那么，究竟什么是可编程货币呢？可编程货币体现的其实是业务逻辑和金融系统在计算机中的结合，这样一来，我们可以将对货币的控制权、安全性与金融机构服务相结合。这样的结合，可以给新型的金融业务带来想象空间——例如借贷、支付、投资等。也就是说，如果未来的金融机制靠算法来调节，那么直接降低了金融中介的权重。不过，去中心化金融和这几年蓬勃发展的金融科技还是有区别的。金融科技公司通过降低交易成本和大幅改善用户体验，挑战传统金融的服务方式，但是它的局限性在于没有改变传统金融机构的中心化业务模式。DeFi 的初心，在于努力减少金融摩擦，使金融更具包容性。DeFi 使经济增长成为可能。

DeFi 有以下具体特征：一是独立自主，用户可以自由控制自己资金的使用；二是开放，加密网络和去中心化金融基础设施是开放的，通过互联网，DeFi 应用程序可以为世界上的任何人提供服务；三是透明化，去中心化金融的系统相对透明，可以通过公开的技术审计去检查产品数据和系统的运行方式。软件的开源性质意味着人们可以随时对底层代码进行审计，同时，因为所有交易都会记录在区块链上，所以 DeFi 的资金全都可以公开进行审计。

Web 3.0 的创新理念和社会意义，可以从两个方面去理解：货币和技术角度。一是关注加密技术对货币和金融的影响，特别需要关注后续加密技术与传统金融和货币之间的关系；二是要关注加密技术对当前数字信息管理模型的影响，以及去中心化技术和价值属于用户的互联网与未来的信息交互方式之间的关系。

与此同时，Web 3.0 中的加密货币和 Token 经济的模型也会被视为新型的金融实践框架，其本质建立在信息革命创造的独特技术（区块链）和组织（开源）模式之上，且更富有颠覆性。与传统金融数字化和科技创新依旧建立在传统业务之上不同，Web 3.0 中的去中心化金融涉及两方面：一是包括智能合约在内的加密协议，二是与区块链网络和开源硬件等基础设施相结合。第一种情况是加密协议（包括智能合约），第二种情况是区块链网络与先进的 ICT 基础设施相结合，核心价值观是开源、共享和透明化。这种模式，为全球金融体系与信息范式的一致性提供了新方向。

Web 3.0 和加密的模型给很多应用场景都赋予了金融属性，包括开源协议、基于某个品牌的共识，或者去中心化组织的激励模式。当交换通过 Token 的方式变得更加普遍，流动性也就更加重要。

DeFi 应用案例

根据 DeFi 的类型，常见的 DeFi 案例主要可以分为以下几类。[1]

交易所

交易所主要分为去中心化交易所（DEX）和中心化交易所（CEX）。在去中心化交易所（DEX）中，会在链上结算所有交易，确保所有交易对网络参与者的公开可验证性。

稳定币

稳定币是加密资产的一类，和大多数加密货币不一样，稳定币的目标，是通过某种机制，保持其价值的稳定（锚定某种法定货币，通常是美元）。

资产管理

DeFi 中的资产管理业务，主要是通过 DeFi 协议实现的去中心化的投资基金。其中，Token 以智能合约的模式管理，通过特定的投资策略，与其他 DeFi 协议交易。收益率可以是利息的方式，也可以是 Token 分配模式的奖励。通过智能合约管理的链上资产，其投资策略主要是围绕不同协议的收益生成机制而定制的，目标是实

---

[1] SoK: Decentralized Finance（DeFi），Sam M. Werner, Daniel Perez, Lewis Gudgeon, Ariah Klages-Mundt, Dominik Harz, William J. Knottenbelt，Imperial College London, Cornell University, Interlay

现资管收益率最大化。

衍生品

衍生品是金融工具的一种，通过协议约定了双方之间付款的条件（日期、结果值和基础变量等）。某种资产的价格，由其他资产的价格决定，典型的衍生品包括期货、期权等。截至 2021 年 2 月，衍生品市场约占整个加密资产交易市场的 51%，大约 99% 的衍生品交易是在中心化交易所实现的。[①]

不过，DeFi 也面临着一定的挑战，首先对于智能合约来说，由于所有代码都是开源的，因此如果想利用智能合约作恶，其不需要"入侵"即可查看代码，以及，目前的智能合约可能还不能解决所有的问题，例如业务逻辑错误等。

---

① CryptoCompare, "Cryptocompare exchange review, february 2021," 2021. [Online]. Available: https://www.cryptocompare.com/media/37746440/cryptocompare exchange review 2021 02.pdf

第五节
从元宇宙到金融元宇宙

理解元宇宙：下一个叙事

人类今天的生活与在线世界息息相关，元宇宙代表了整个互联网体验的未来。根据彭博行业研究（Bloomberg Intelligence）的预测，2024 年，元宇宙市值将会超过 8 000 亿美元，目前，NFT 市值已经超过 410 亿美元，2021 年的虚拟商品消费达 540 亿美元；根据高德纳公司（Gartner）预测，到 2026 年，25% 的人将每天至少花一小时在元宇宙工作、购物、学习、社交或娱乐。如果说加密货币和 Web 3.0 给我们的新一代互联网提供了强大的探索空间，那么元宇宙就是将技术和社会经济与下一代虚拟空间相结合。

在元宇宙中，人们可以通过共享体验进入新的世界，而不仅仅局限于今天浏览网络和通过手机、电脑等设备与虚拟空间相连，这种场景重新定义了消费者和生产者的概念，开辟了全新的生活方式。人们在元宇宙创造的财富不仅包括传统意义上的金钱和货币，还包括精神和智力上的满足。

元宇宙，作为物理世界逐步进化到虚拟世界的一个界面层，包括软硬件创新方式的组合，其中需要与传统金融系统平行的经济系统，这就是金融元宇宙出现的契机。元宇宙也是由各类先进技术组合起来所创造的全新的商业模式，Web 3.0、DLT（分布式账本技术）和 NFT 这样的去中心化技术生态，为金融元宇宙提供了具备弹性的基础设施和强大的价值交换机制，AR/VR、触觉和空间技术这样的沉浸式技术则为金融元宇宙提供了持久的、增强的虚拟用户体验。

金融元宇宙（MetaFi），旨在构建元宇宙（Metaverse）中更开放、创新性更强、包容性更强的数字去中心化金融空间。元宇宙的实现，首先需要可以内在循环的经济体系，我们将之称为元经济。可以从三方面理解金融元宇宙的架构：

一是金融计算层（Financial Computing Layer）。金融计算层主要用于定义元宇宙的经济逻辑，特性是去中心化、民主和透明。元宇宙中的用户在规则的基础上进行商品交换、货币交换、金融服务的提供等，金融计算层是为这些活动提供动力的基础性技术，包括 Web 3.0、新一代数据中心和区块链技术等。元宇宙的金融领域，需要可信的技术提供跨领域的数字资产确权、互操作性和可信价值转移，这样元宇宙就可以提供一个与现实世界平行的经济金融系统，一个全球化的、加密原生的去中心化账本。通过部分游戏中的 NFT 案例，我们可以观察到这样的应用正在逐步发展。

二是界面层（Interface Layer）。终端用户可以通过硬件和软件技术，如浏览器、移动应用或扩展现实（XR）、虚拟现实（VR）

和增强现实（AR）来体验元宇宙。不过，界面层的实现和发展是分阶段的，不同阶段会有不同的表现形式。目前我们会更多地从游戏、虚拟世界、VR 和 AR 的角度去理解元宇宙，但是，未来还有很多有待想象的元宇宙形式。

三是体验层（Experience Layer）。随着元宇宙中虚拟经济的发展，会出现全新的就业机会和娱乐形式。在元宇宙中创造的财富不仅包括金钱，更包括精神和智力上的满足，数字状态在虚拟空间中的重要性甚至会超过现实世界对应的标的。通过 NFT 等新兴载体，创作者经济和数字艺术会继续蓬勃发展，体验层艺术/虚拟资产的潜在市场也会逐步扩大。结合 Web 3.0 叙事，NFT 受到的关注度和虚拟土地的热度飙升，包括汇丰银行（HSBC）和摩根大通（J.P.Morgan）这样的传统金融机构，也把元宇宙战略看作吸引新一代客户的必备手段。

未来虚拟经济房地产市场也会出现和真实世界类似的服务，包括信贷、抵押贷款和租赁协议。随着去中心化金融应用范围的逐步扩大，基于区块链的数字资产具备原生可组合性，新一代的元宇宙金融服务公司就会出现。举个例子，这类融资公司可以提供基于数字服装的抵押贷款，或者为虚拟资产提供担保。

所以说，金融元宇宙的发展，是从区块链技术，到去中心化金融系统，再到价值互联网，逐步催生出一个全新的经济模式，释放市场上数字资产的潜力，包括艺术品、房地产和游戏等，传统银行现在也需要拥抱新战略来应对数字资产的新客户。

元宇宙中的金融系统

为什么要拥抱元宇宙金融？作为元宇宙中重要的超级中介，金融扮演不可或缺的角色。而元宇宙的技术特性、平台性质和商业属性，也给了金融领域广泛的想象空间。

2022年3月，汇丰银行（HSBC）[①]和沙盒元宇宙游戏公司（The Sandbox）宣布了一项合作：汇丰银行会在沙盒元宇宙中购买一块虚拟地产。这是银行业进军元宇宙的一个重要标志。汇丰银行首席营销官认为，元宇宙是人们通过增强现实和虚拟现实等沉浸技术体验下一代互联网 Web 3.0 的方式。汇丰银行看到了通过新兴平台创造新体验的巨大潜力，通过与 The Sandbox 的合作，汇丰银行希望可以为新老客户创造新的品牌体验。

2022年2月，摩根大通（J.P.Morgan）银行在元宇宙虚拟世界 Decentraland 中开设了一个名为 Onyx 的休息室（见图引7）。摩根大通加密和元宇宙负责人认为，目前很多客户有兴趣深入了解元宇宙，摩根大通会进一步发挥自己在元宇宙中的潜力，并且计划下一步将加强在技术、商业基础设施、隐私/身份方面的建设。

2021年，韩国国民银行（KB Kookmin Bank，韩国较大的金融机构之一），已经开始研究如何将 VR 技术与金融服务相结合。银行设立了虚拟银行，并且开展了用于青少年金融教育和科普的虚拟银行业务。银行还和一家 VR 内容初创公司合作，开发基于头显设

---

① https://sandboxgame.medium.com/hsbc-to-become-the-first-global-financial-services-provider-to-enter-the-sandbox-c066e4f48163

备的用户界面和交互,提供虚拟空间里一对一咨询的客户体验。

自 2021 年起,元宇宙的银行业也开始发展业务。随着元宇宙内人、游戏、工作、社交逐步标准化,金融领域的可信交易需求也会增长。

图引 7　摩根大通(J.P.Morgan)银行在 Decentraland 中开设的 Onyx 的休息室

资料来源:https://www.finextra.com/

元宇宙系统中货币化有以下几个发展方向:第一,技术服务,包括云和软件实验室以及咨询服务可以通过 Token 模式运营;第二,所有通过区块链构建的业务都可以用 Token 模式赚取费用;第三,Token 可以作为金融元宇宙系统内交换媒介的一种;第四,整个金融元宇宙有各类垂直领域的网络,各自的商业模式可以互补,产生协同经济价值。Token 相互之间流通(这里的 Token 主要是指元宇宙中的独特融资模式),一旦这种金融模式应用范围扩大,这些 Token 就会成为一种应用更为广泛的货币。系统内的 NFT 可以作为房地产、物品所有权、IP 等各类资产的数字表现形式。此外,整个元宇宙金融系统中的借贷、交易、保险、审计等,都具备带有互操作特性的市场结构。

当然，元宇宙金融在一开始就应该进行合规监管。目前全世界对于虚拟数字资产的监管还处于发展初期，为了行业的健康发展，需要对元宇宙内的数字资产进行合规管理，需要制定对全世界用户公平的框架。

互联网和智能手机都给金融业带来了深刻的影响，而元宇宙中 AR 和 VR 的应用，也会给金融业带来新的影响。

比如虚拟银行的建立。虚拟体验可以赋能实体银行，客户可以通过虚拟空间的智能眼镜访问账户，部分银行已经允许客户使用银行的 app 扫描银行卡，查看账户 AR。通过混合现实技术，银行能够以虚拟的形式进行远程运营，例如，客户服务专家和会计师可以和客户进行虚拟会面。客户应用 AR 可以观测自己的财务状况。

随着 AR 应用的普及，金融也可以应用相同的技术为其客户创造有趣和令人兴奋的体验。例如，有的金融投资初创公司可以通过 AR 演示欢迎新客户，用新兴方式展示其服务的详细信息。

第六节
未来的思考

金融元宇宙代表着未来金融发展的新空间、新方向。我们未来所取得的每一项前沿进步，都将为金融机构提供创新和扩张的新机遇。通过探索新技术带来的机会，可以创造更具有想象力的未来。不过，我们仍需要思考如何支撑金融元宇宙运行的关键基础设施。例如，如何进行用户身份认证？怎样证明元宇宙中的用户和真实生活中的用户是同一个人？因为只有这样，财产才可以相联结。如何整合传统金融支付和元宇宙中的金融服务？我们生活中的信用卡如何在元宇宙中使用？这样，财产的边界才能打通。加密货币如何和央行法定货币连接？这样，才能在合规的条件下扩大数字货币的应用范围。

01 第一章
Chapter 1

科技助推金融创新

自人类交换行为始,金融活动就在突飞猛进地发展,当第一个金属货币、第一张纸币、第一间当铺、第一家交易所出现时,金融的使命被赋予了新内涵。当互联网、人工智能使数千万乃至数亿人,通过大数据把一切都变得更容易时,金融的价值再度被延长。当互联网支付、数字货币方兴未艾时,金融,正经历着巨变。

第一节
金融生态的来龙去脉

货币的进化

实物货币

在远古社会,人们想要交换商品,只能用一只羊或一把石刀等进行物物交换,这些实物既作为一般等价物的货币来使用,又可以供人们消费。实物货币或体积笨重,不便携带;或质地不匀,难以分割;或容易腐烂,不易储存;或体积不一,难于比较,因此随着商品交换的发展，实物货币逐渐被金属货币代替。

金属货币

金属货币是以金属作为材料，充当一般等价物的货币。金属货币坚固耐磨，不易腐蚀，可分割复原，既便于流通，也适于保存。到19世纪上半叶，世界上大多数国家已进入金银复本位货币制度时期。

图1.1 四川出土的北宋政和通宝铁钱　　图1.2 四川省造宣统元宝银币

资料来源：重庆金融博物馆馆藏。

纸币

纸币是以柔软的材质印制而成的货币凭证，以代表原有的金属货币，其货币面值与币材价值不等并可以兑换。北宋时期，在四川成都出现了世界上最早的纸币——交子，中国也是世界上使用纸币最早的国家。南宋初年还发行过一种代替白银流通的银会子，但只限于一些地区使用。欧洲第一张纸币则是由斯德哥尔摩银行（瑞典中央银行前身）在1661年发行的。

电子货币

电子货币是指用一定金额的现金或存款从发行者处兑换并获得代表相同金额的数据，或通过银行及第三方推出的快捷支付服务，通过使用电子化途径将银行中的余额转移，从而能够进行交易。

表 1.1　电子货币的几种类型

类型	内容
储值卡型电子货币	一般以磁卡或者 IC 卡形式出现，其发行主体除了商业银行之外，还有电信部门（普通电话卡、IC 电话卡）、IC 企业（上网卡）、商业零售企业（各类消费卡）、政府机关（内部消费 IC 卡）和学校（校园 IC 卡）等
信用卡应用型电子货币	指商业银行、信用卡公司等发行主体发行的贷记卡或者准贷记卡。消费者可在发行主体规定的信用额度内贷款消费之后于规定时间还款
存款利用型电子货币	主要有借记卡、电子支票等，用于对银行存款以电子化方式支取现金、转账结算、划拨资金。这类电子化支付方法的普及使用减少消费者往返于银行的费用，致使现金需求减少，并加快货币的流通速度
现金模拟型电子货币	一种是基于互联网环境使用的且将代表货币价值的二进制数据保管在微机终端硬盘内的电子现金；一种是将货币价值保存在 IC 卡内并可脱离银行支付系统流通的电子钱包

数字币

2008 年，中本聪提出比特币的概念。2009 年 1 月 3 日，中本聪将一个小型服务器安置在芬兰赫尔辛基，创建了比特币的创世区块（第一个区块），系统自动产生了第一笔 50 枚比特币，标志着一个独立的货币制度就此诞生。2013 年，维塔利克·布特林提出以太坊概念，认为很多程序可以用比特币的原理达成进一步的发展。2015 年，以太坊区块链上的代币"以太币"发行，截至 2020 年，以太币成为仅次于比特币的加密货币。

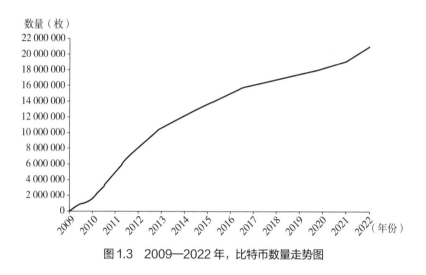

图1.3 2009—2022年，比特币数量走势图

法定数字货币

法定数字货币，也称央行数字货币（CBDC），是法定货币的数字化形式，本质上与现金相同，属于央行负债，具有国家信用，与法定货币等值（或固定的比值），但区别于传统金融机构在中央银行保证金账户和清算账户里存放的现金。

央行数字货币的使用优势有：

（1）提升效率和降低支付成本；

（2）传导至银行等金融机构尚未覆盖的用户，提高金融普惠；

（3）利用区块链等技术保护使用者的隐私；

（4）在数字货币设计可追溯的情况下，防止犯罪和反洗钱；

（5）在合理设计利率传导制度的情况下，提升货币政策的效果；

（6）提升国家对于经济的控制能力，提高本国法币的竞争力。

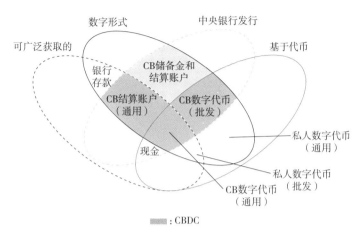

图 1.4 BIS "货币之花"

注：CB 代表中央银行，CBDC 代表中央银行数字货币。

机构的进化

神庙与寺院

神庙：最早的神庙可以追溯到公元前 9 世纪的希腊。神庙通过城邦或个人捐赠、税收、庙产等方式聚集大量社会财富，拥有自主铸币权。公元前 6 世纪，出现祭司将财富用于信贷的现象。

佛寺：佛寺是佛教僧侣供奉佛像、舍利，进行宗教活动和居住的处所。南北朝时期，佛寺集聚了大量财富，开始设质库放债，到唐朝发展成为投资事业。唐长安三阶教佛寺（唐称无尽藏院）设有专营高利贷的质库，以质钱赚取利息，为当时佛寺金融业之首。

当铺

当铺是收取动产和不动产作为抵押，向出质方放债的机构。当铺最早产生于南北朝时期,称"寺库",到唐朝时称"质库",宋朝称"长生库",元朝称"解库""解碘库",明朝正式称"当铺"。清朝时典当业已十分普遍。近代当铺与银行、钱庄资本建立了借贷关系。

钱庄与票号

钱庄:钱庄在华南地区称为银号,业务包括信用贷款、抵押贷款、外币找换、汇款等。钱庄是中国银行业的源头,始于宋代,明代后称为钱铺或钱肆。清代乾隆年间开始出现"钱庄"名称。钱庄最初由个体经营,接受顾客现金存款,开具庄票和钱票证明。后钱庄同业间开始互联,方便提存、信贷、抵押。

图1.5 钱庄票号工具,包括紫檀盒称、老虎骨算盘、银票用防伪牛角印章、银托眼镜、墨盒等

资料来源:天津金融博物馆馆藏。

票号:票号又称票庄或汇兑庄,是专门经营汇兑业务的金融机构,兴盛于清朝。中国最早的票号"日升昌"票庄,由道光初年山

西平遥日升昌颜料庄演变而来,主要放款对象为官吏、贵族、钱庄主、典当老板及富商。鸦片战争前,票号一直是清朝的金融支柱。19世纪末20世纪初,因外国银行的扩张,票号开始衰落。

商业银行

1694年,英国建立了史上第一家股份制银行——英格兰银行,标志着现代商业银行与现代银行制度的产生,宣告了高利贷性质的旧式银行业在社会信用领域垄断地位的结束。银行一方面通过吸收存款集中社会上闲置的货币资金;另一方面又通过贷款投资等方式将集中起来的货币资金投放给个人、企业等。同时,还充当支付中介,通过为社会组织和个人开立账户,充当经济活动中的货币支付中心和货币结算中心。中国现代银行产生较晚,1897年在上海成立中国通商银行,标志着中国现代银行的产生。

图1.6　1914年英格兰银行面值1英镑票据

资料来源:https://www.londoncoins.co.uk/?page=Pastresults&searchterm=One+Pound+Treasury+Bradbury&category=1&searchtype=1

投资银行

投资银行是主要从事证券发行、企业重组、兼并收购、投资分析、风险管理、项目融资等业务的金融机构。1933 年，美国的《格拉斯－斯蒂格尔法案》获得通过，首次将投资银行与商业银行分业管理。

图 1.7　1933 年《格拉斯－斯蒂格尔法案》签署现场

资料来源：https://www.federalreservehistory.org/essays/glass-steagall-act

中央银行

中央银行产生于 17 世纪，形成于 19 世纪初，诞生于工业革命与资本主义经济危机的背景之下，是一国最高的货币金融管理机构，在各国金融体系中居于主导地位。中央银行统一货币发行，进行宏观调控、保障金融安全与稳定并提供金融服务。

网络银行

银行利用互联网技术向客户提供开户、查询、对账、投资理财等传统服务项目，可视为互联网上的虚拟银行柜台。网上银行的用户只需要一台可以上网的电脑或手机，就可以通过浏览器或专属客户端使用各类金融服务。1997 年，招商银行在中国首次推出网上银行服务。2008 年 10 月，网络银行出现了更高级的形态——智慧银行。

保险

保险是投保人根据合同约定，向保险人支付费用以保障其潜在损失的商业行为。现代保险的最早形式是海上保险，发源于 14 世纪中叶的意大利。1805 年，英商在广州设立广州保险公司（又名"广州保险社"），这是外商在中国开设的第一家保险机构，也是近代中国出现的第一家保险公司。1949 年，中国人民保险公司成立，标志着中国新的保险体系的形成。

基金

广义的基金指为兴办、维持或发展某种事业而储备的资金或专门拨款。狭义的基金主要指证券投资基金。1868 年，世界上第一个信托投资基金"外国和殖民地政府信托"在英国诞生。1987 年，中国银行和中国国际信托投资公司与国外机构合作推出面向海外投资者的投资基金。1989 年 5 月，香港新鸿基信托基金管理公司设立"新鸿基中华基金"，成为最早推出的中国国家投资基金。

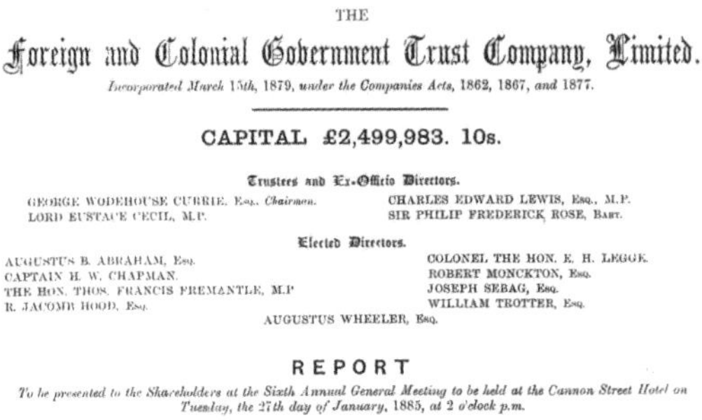

THE

Foreign and Colonial Government Trust Company, Limited.

Incorporated March 15th, 1879, under the Companies Acts, 1862, 1867, and 1877.

CAPITAL £2,499,983. 10s.

Trustees and Ex-Officio Directors.

GEORGE WODEHOUSE CURRIE, Esq., *Chairman.*
LORD EUSTACE CECIL, M.P.
CHARLES EDWARD LEWIS, Esq., M.P.
SIR PHILIP FREDERICK ROSE, Bart.

Elected Directors.

AUGUSTUS B. ABRAHAM, Esq.
CAPTAIN H. W. CHAPMAN.
THE HON. THOS. FRANCIS FREMANTLE, M.P.
R. JACOMB HOOD, Esq.
COLONEL THE HON. E. H. LEGGE.
ROBERT MONCKTON, Esq.
JOSEPH SEBAG, Esq.
WILLIAM TROTTER, Esq.
AUGUSTUS WHEELER, Esq.

REPORT

To be presented to the Shareholders at the Sixth Annual General Meeting to be held at the Cannon Street Hotel on Tuesday, the 27th day of January, 1885, at 2 o'clock p.m.

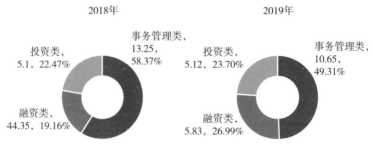

图 1.8　英国外国和殖民地政府信托基金单据（1879 年）

资料来源：https://tecnohotelnews.com/2020/04/asset-management-gestion-activos-hoteleros/

信托

信托是委托人基于对受托人的信任，将其财产权委托给受托人，由受托人按照委托人的意愿以自己的名义，为受益人的利益或特定目的，进行管理和处分的行为。信托的概念起源于《罗马法》中的“信托遗赠”制度，现代信托制度产生于英国，并在美国和日本得到进一步发展。1979 年，中国第一家信托机构——中国国际信托投资公司成立。2001 年《中华人民共和国信托法》颁布，在中国确立了信托制度的法律地位。

图 1.9　2018 年和 2019 年中国信托资产规模结构分布（按信托功能分布）（单位：万亿元）

证券公司

证券公司是专门从事有价证券买卖的企业，分为证券经营公司和证券登记公司。在不同国家，证券公司有不同的名称。在美国，证券公司被称作投资银行或者证券经纪商；在英国，证券公司被称作商人银行；在欧洲大陆（以德国为代表），由于一直沿用混业经营制度，投资银行仅是全能银行的一个部门；在东亚（以中国、日本为代表），人们称之为证券公司。

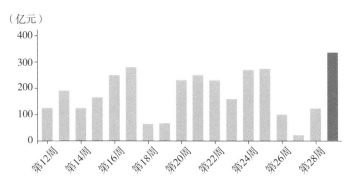

图1.10　2020年中国证券公司短融券周度发行金额

来源：彭博。

市场的进化

集市

集市是指定期聚集进行商品交易活动的形式。中国古代的集市被称为"墟市"或"集墟"，最早出现于西周，唐中期逐渐增多。到了宋代，集市活动越发频繁。欧洲的集市起源于古希腊的奴隶市场，中世纪法国的香槟集市成为当时最完善的国际性集市。集市的发展对经济起着巨大的作用，促进了各地区的经济文化交流。

图1.11 《清明上河图》中繁华的集市

资料来源：天津金融博物馆馆藏。

唐飞钱

中唐以后贸易发达，货币以铜钱和布帛为主，长途携带既不方便，也不安全，加上货币总量不足，导致飞钱和柜坊的产生。柜坊经营钱款和贵重品存放业务，所保管物品除了钱帛，还有珠宝玉器、古玩字画等。客商和富人大量寄存财物，使柜坊资金非常雄厚，成为钱庄的雏形。飞钱产生于唐宪宗时期，商人在京城把钱交给诸军、节度使、进奏院、富豪门阀等，得到票券，再携券到其他地区的办事处取钱。大额交易时，有些商人也会直接使用飞钱。

交子务

天圣元年（1023年），北宋朝廷批准在成都设益州交子务，由官方统一发行"官交子"，分为一贯至十贯等面额，每贯征收纸墨费三十文。官交子发行以"界"为限定，每界限额125.634万贯，并以铁钱 36 万贯为准备金，每两年发行一界，届满以旧换新。官交子以国家信用为保证，成为世界上最早由政府发行的纸币。

图1.12　交子务的场景复原

图片来源：中原金融博物馆场景还原。

贴现

贴现，也叫票据贴现，是指将未来的货币转换成当前货币的实际价值。持票人在需要资金时，将其收到的未到期承兑汇票，经过背书转让给银行，先向银行贴付利息。银行以票面余额扣除贴现利息后的票款付给收款人，汇票到期时，银行凭票向承兑人收取现款。根据票据的不同分为银行票据贴现、商业票据贴现、债券及国库券贴现三种。

票据交易

18 世纪，银行机构逐渐增多，在英国伦敦最早出现了集中的票据交换业务。1773年，部分银行达成一致意见，成立票据交换所，建立票据交换制度：同一城市各银行对相互代收、代付的票据，按照规定时间通过票据交换所集中进行交换并清算资金的一种制度。

表 1.2　清算业务的分类

分类	内容
集中票据交换	通过组织票据交换所进行。有些国家由各银行联合举办，如加拿大的票据清算协会；有些国家由中央银行举办，如日本。不管采取上述哪种形式，最后都通过中央银行转账
集中清算交换的差额	各家银行都在中央银行开立账户，保管准备金。各行之间应收应付的差额，利用这个账户划转
办理异地资金转移	提供全国性的清算职能

期货交易

期货市场最早萌芽于欧洲，人们在市场内就商品或金融工具进行交易，并约定于将来某日进行交收。19 世纪中期，美国芝加哥的粮食商人为规避粮价大幅波动而组建了芝加哥交易所，并后续推出标准化合约，实施保证金制度，标志着现代意义上的期货交易正式诞生。

图 1.13　芝加哥交易所

资料来源：https://www.andreasgursky.com/en/works/1997/chicago-board-of-trade-1

表1.3 中国期货市场发展历程

阶段	时间	标志事件
初创阶段	1990—1993年	1992年,郑州粮食批发市场以现货交易为基础,引入期货交易机制。中国第一个商品期货市场开始起步
治理整顿阶段	1993—2000年	1993年,开展了第一轮治理整顿,首先进行的是对期货交易所的清理。1998年8月,开始了第二轮整顿,合并部分机构、出台相关法律。2000年,中国期货业协会成立
稳步发展阶段	2000—2013年	2006年5月,中国期货市场监控中心成立。中国金融期货交易所于2006年在上海挂牌成立,并于2010年推出沪深300股票指数期货
创新发展阶段	2014年至今	2014年,国务院出台新"国九条",明确指出发展商品期货市场,建设金融期货市场

证券交易所

证券交易所是集中进行证券交易的场所。最早的证券交易所是1602年设立的荷兰阿姆斯特丹交易所,中国第一家正式的证券交易所是1891年在香港成立的香港股票经纪协会,1914年易名为香港证券交易所。中国内地首家证券交易所则是1918年开业的中原证券交易所(又称北京证券交易所)。

纳斯达克交易所

1971年,为了规范混乱的场外交易,并为科技型中小企业提供融资平台,美国建立的全国证券交易商协会自动报价系统纳斯达克(NASDAQ),是世界上第一个电子证券交易市场。随着纳斯达克市场的不断发展,美国政府推行了规范的上市、信息披露、规范交易、转板、退市等举措,为高科技型、高增长性中小企业提供融资市场。在纳斯达克交易所上市的公司包括微软、苹果、英特尔、戴尔、思科等企业。

表1.4 1975年纳斯达克的第一套挂牌标准

要求	项目	数目
财务及质量要求	总资产	100万美元
流动性要求	股本及资本公积	50万美元
	公众持股数	100万股
	股东数	300
	做市商数	2

资料来源:NASD, NOTICE TO MEMBERS: 81-36。

数据交易所

21世纪,产业数字化趋势不可阻挡,数据是数字经济时代的关键性要素。数据交易所是推动数据要素市场建设,充分挖掘数据要素潜力的重要"底座"。近年来,广东、北京、上海、浙江、贵州等地相继成立数据交易所。目前全国各地发起的数据交易所超过30家。

第二节
金融观念的演变

物物交换与货币产生

在原始社会，人们使用以物易物的方式，交换自己所需要的物资。但受到用于交换的物资种类限制，交易又不方便，人们于是寻找一些能够为交换双方都能够接受的、容易保存的商品作为普遍交换物，这种物品就是最原始的货币，这种货币本身也是一种商品。牲畜、食盐、经过挑选的贝壳、珍稀鸟类的羽毛、宝石、沙金、石头等不容易大量获取的物品都曾经作为货币被使用过。贝壳是原始货币中被最广泛用作货币的媒介，几乎在每一块大陆，包括亚洲、非洲、美洲和大洋洲，都有贝币被发现。[1]

两河流域的苏美尔人在以物易物时，会将商品的价格与重量刻在泥板上。图1.15为1929年，德国考古学家朱利叶斯·乔丹（Julius Jordan）在伊拉克境内发掘出的苏美尔楔形文字泥板。

---

[1] 石俊志.货币的起源［M］.北京：法律出版社，2020年4月.

图 1.14　伊拉克境内发掘出的苏美尔楔形文字泥板

资料来源：https://www.historyextra.com/period/ancient-egypt/cuneiform-6-things-you-probably-didnt-know-about-the-worlds-oldest-writing-system/

《汉谟拉比法典》与借贷

以苏美尔人为代表的数字化的金融文明仅仅是一个开始，接下来的2 500年中，很多地区和国家的人民也都开始依赖金融契约、账簿记录和市场。约公元前1776年，古巴比伦第六代国王汉谟拉比（Hammurabi）颁布《汉谟拉比法典》，包含损害赔偿、租佃关系、债权债务、财产继承等内容，用以调解自由民之间的财产继承、租赁、借贷等多种经济与社会关系，是世界上第一部系统性的法典。

《汉谟拉比法典》的诞生使人们的私有财产开始享有法律保护。以借贷契约为例，借贷标志主要是钱款和谷物。签约后，贷与人把钱款或谷物交给借用人，至一定期限后，借用人将钱款或谷物及其利息一并还给贷与人。为保证契约的履行，借用人以自己或家庭的人身作为清偿债务的担保。在《汉谟拉比法典》以前，允许贷者对无力偿债的债务人终身奴役，因而导致大量农民和手工业者因无力偿债而沦为债奴。《汉谟拉比法典》为缓和社会矛盾，废除了终身奴役制度，将债务奴役的期限定为三年。另外，《汉谟拉比法典》中对维护私有财产权所规定的关于盗窃他人财产须受惩罚，损毁他人财产要进行赔偿的法律原则，关于财产所有权取得与转移的方法和原则以及关于法律关系中当事人的权利和义务等，也都为后世有关立法开了先河。①

意大利复式记账法与公司

复式记账法又称"复式簿记"，是指对每项经济业务按相等的金额在两个或两个以上有关账户中同时进行登记的方法。1494年，意大利数学家卢卡·帕乔利（Lusa Pacioli）在威尼斯出版了数学教科书《算术、几何、比与比例概要》。书中首次详尽阐述了复式记账系统。复式记账法的诞生，促进了会计制度的进一步改善，也开启了资本主义经济发展的现代化历程。复式记账法的运用，也促进了股份制经营和两权管理模式的出现，为西方资本主义经济的发展奠定了基础。②

股票交易风险与交易所

1791年，美国联邦政府前代理财政部长威廉·杜尔投机炒作

---

① 王海宏.试述楔形文字法的历史地位［EB/OL］.（2014-01-28）［2022-8-1］. http://www.law-lib.com/lw/lw_view.asp?no=12626.
② 威廉·戈兹曼.千年金融史［M］.张亚光，熊金武，译.北京：中信出版集团，2017.

纽约银行股票破产，许多听从小道消息而盲从的投资者也遭受财产损失。在此背景下，华尔街各经纪商决定通过协商的方式制定公共管理条例，实现金融市场的自我规范。1792年5月17日，在华尔街一棵梧桐树下，纽约市24家股票经纪商签订了《梧桐树协议》。1817年3月8日，交易者联盟在此协议基础上草拟出《纽约证券和交易管理处条例》，并改名为纽约证券交易委员会，1863年改为纽约证券交易所。2006年6月1日，纽约证券交易所与泛欧交易所合并组成纽约—泛欧证交所公司。①

图1.15 《梧桐树协议》原文

资料来源：https://www.moaf.org/exhibits/trading_street/buttonwood-display

电子化交易与买卖

迪吉多公司在1965年推出的PDP-8电脑是第一款小型商品化

---

① 吴小杰，刘志军.威廉·杜尔：坐庄败北催生梧桐树协议[J].法律与生活，2018（5）．

电脑，被认为是个人电脑的先驱，虽然笨重但已经可以勉强放于桌上。20世纪70年代个人电脑虽有浓厚商业构想但未正式量产。1980年，IBM总裁约翰·欧宝（John Opel）意识到进入这个不断发展的市场的价值，经过12个月的开发，IBM PC于1981年8月12日首次亮相。由于IBM计算机低廉的售价，让个人电脑很快进入数据处理需求巨大的金融类企业。同年，波士顿银行首次设立"首席信息官（CIO）"这一职务，负责管理公司的信息资源，标志着计算机在金融管理层的影响逐渐扩大。①

1971年纳斯达克（NASDAQ）成立，最初只是一个报价系统，通过不断添加交易量报告和自动交易系统，逐渐成为一个股票市场。该市场允许市场期票和股票出票人通过电话或互联网直接交易，而不用限制在交易大厅，交易的内容大多与新技术尤其是电脑方面相关。纳斯达克是世界第一个电子证券交易市场，在纳斯达克挂牌上市的公司以高科技公司为主。②

图 1.16　1971 年成立之初的纳斯达克交易大厅

资料来源：https://www.nasdaq.com/articles/nasdaq%3A-50-years-of-market-innovation-2021-02-11

---

① 中关村在线. PC发展史［EB/OL］.（2015-5-2）［2022-3-1］. https://power.zol.com.cn/519/5191311.html.
② 纳斯达克官方网站：https://www.nasdaq.com/about.

DeFi 的产生

去中心化金融（DeFi）是一种创建于区块链上的金融，它不依赖券商、交易所或银行等金融机构提供金融工具，而是利用区块链上的智能合约（例如以太坊）进行金融活动。DeFi 平台允许人们不经由银行向他人借出或借入资金，交易加密货币，并在类似储蓄的账户中获得利息。截至 2020 年 10 月，超过 110 亿美元被存入各种去中心化金融协议。目前，DeFi 已形成较为完善的生态体系，涵盖支付、借贷、稳定币、去中心化交易所、衍生品及保险等多个领域。[①]

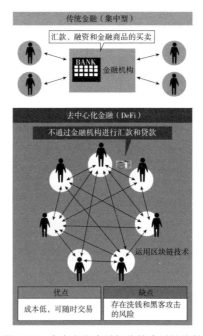

图 1.17　去中心化金融与传统金融的比较

---

① 朱嘉明，李晓. 数字货币蓝皮书（2020）[M]. 北京：中国工人出版社，2020.

第三节
金融科技的更新迭代

计算机代替手工处理票据

1955年9月，美国斯坦福研究所首次尝试使用计算机代替手工处理票据，并公开演示了电子记录机会计系统ERMA（Electronic Recording Machine-Accounting），该系统号称能"读取"支票信息并做处理，是应美国银行要求而设计完成的，共耗时五年。但由于成本过高，同时从支票到穿孔卡片的信息传输问题难以解决，ERMA不能实际应用。

1968年，美国银行业协会又进一步对MICR编码（磁墨字符识别码，是一种字符识别技术，主要用于银行业，以简化支票等文件的处理和清关）的字形和字符大小做出规定，从而构建了银行业务系统通用的支票处理机器语言。同年，美国银行安装了GE–100，这是一台继承了ERMA的晶体管化的计算机，它满足了直接从源文件（支票）输入数据的要求，最终使得利用计算机处理支票成为现实。

最早的信用卡与食客俱乐部

信用卡（Credit Card），是一种非现金交易付款的方式，由银行提供的信贷服务。最早的信用支付出现于 19 世纪末的英国，大约在 19 世纪 80 年代，英国服装业发展出所谓的信用制度，利用记录卡购物的时候可以及早带流行商品回去，旅游业与商业部门也都跟随这个潮流抢占商机。但当时的卡片仅能进行在特定场所的短期商业赊借行为，款项还是要随用随付，不能长期拖欠，也没有授信额度，完全是依赖富裕人口的资本信用而设计。20 世纪 50 年代，第一张针对大众的信用卡出现。美国曼哈顿信贷专家麦克纳马拉（Frank McNamara）在饭店用餐，由于没有带足够的钱，只能让太太送钱过来，这让他觉得很狼狈，于是组织了"食客俱乐部"（Diners Club，即大来卡）。任何人获准成为会员后，带一张就餐记账卡到指定 27 间餐厅就可以记账消费，不必付现金，这就是最早的信用卡。此后随着签约的合作对象越来越多，可供临时透支的服务范围也越来越大，人们也习惯了这种不必携带现金的方便交易形式，促进了银行信用卡的到来。美国富兰克林国民银行是第一家发行信用卡的银行，之后其他美国银行也纷纷效仿。[1][2]

---

[1] Klaffke, Pamela（1 October 2003）. Spree: A Cultural History of Shopping. Arsenal Pulp Press. pp. 22–24. ISBN 978-1-55152-143-5.

[2] Evans, David Sparks & Schmalensee, Richard（2005）. Paying With Plastic: The Digital Revolution In Buying And Borrowing. MIT Press. pp. 54. ISBN 978-0-0262-55058-1.

第一台 ATM 机诞生

1967年6月27日，英国托马斯·德纳罗印钞公司职员约翰·谢菲尔德-巴隆受巧克力售卖机的启发，改装、设计、发明出第一部电脑自动柜员机，安装于英国伦敦北部的巴克莱银行恩菲尔德分行。当时第一位使用此机器的人是英国演员瑞格·瓦尼，他在银行职员和新闻记者的见证下，从机器中提取了10英镑的纸钞，完成了ATM历史上的第一笔交易。①

图 1.18 伦敦北部恩菲尔德的巴克莱银行分行外的自动取款机问世的现场发布会

图 1.19 第一台 ATM 近景

资料来源：https://www.telegraph.co.uk/personal-banking/current-accounts/story-behind-worlds-first-cashpoint/

---

① Batiz-Lazo, Bernardo; Reid, Robert J. K.（30 June 2008）. "Evidence from the Patent Record on the Development of Cash Dispensing Technology". Munich Personal RePEc Archive. p. 4. Archived from the original on 4 September 2015.

IC 卡

1974 年，罗兰·莫雷诺（Roland Mornno）发明了嵌有集成电路芯片的一种便携式卡片塑胶，将具有存储加密及数据处理能力的集成电路芯片模块封装于和信用卡尺寸一样的塑胶片基中，便制成了 IC 卡。法国布尔电脑公司于 1976 年首先制成 IC 卡产品，并开始应用在各个领域。[①]

直销银行与移动支付业务

直销银行（Direct Bank）模式最早出现在 20 世纪 90 年代末北美及欧洲等发达国家，是现代快速消费方式以及高效的信息科技的产物。直销银行是指几乎不设立实体业务网点，而是通过信件、电话、传真、互联网及互动电视等媒介工具，实现业务中心与终端客户直接进行业务往来的银行。在直销银行模式发展初期，银行主要通过电话提供服务。随着互联网技术的普及，直销银行的服务渠道大幅拓展，银行的人员更加精简、运营成本进一步降低。

首个区块链平台 Linq

2015 年 10 月，美国纳斯达克（NASDAQ）证券交易所推出

[①] Davison, Phil（2012-05-04）. "Roland Moreno: Inventor who missed out on global recognition for his computer chip smart card". The Independent.

区块链平台Nasdaq Linq，实现主要面向一级市场的股票交易流程。它利用区块链实现在纳斯达克私人市场内私企股票的转移、发行、分类和交易记录。通过该平台进行股票发行的发行者将享有"数字化"的所有权。Linq是首个基于区块链技术建立起来的金融服务平台，能够在区块链技术上实现资产交易，而且它也是一个私人股权管理工具，作为纳斯达克私人股权市场的一部分，可以为企业家和风险投资者提供投资决策服务。

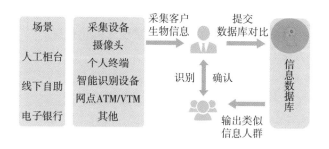

客户	渠道	处理引擎	客户服务	信息汇总	服务管理
潜在客户	电脑	服务控制接口	机器客服	访问数据	知识管理
	电话	分词标注引擎			
		语义分析引擎			智能营销
普通客户	邮件	聊天对话引擎	人工客服	知识库	
		场景处理模块			智能质检
	app	答案处理模块			
高级客户	小程序	知识索引管理	电话客服	客户数据	培训管理
内部客户	—	核心运行框架	工单客服		风险防控

图1.20 金融科技在页面层应用示例：智能客服与生物认证

首个区块链技术结算的贸易

2016年9月,英国巴克莱银行和以色列一家初创公司共同在巴克莱银行下属的Wave公司开发的区块链平台上执行完成了全球第一笔使用区块链技术结算的贸易,担保了由爱尔兰Ornua公司向离岸群岛塞舌尔的贸易商Seychelles Trading Company发货,价值约10万美元的奶酪和黄油产品,结算用时仅不到4小时,而采用银行信用证方式做此类结算则通常需要7—10天。区块链提供了记账和交易处理系统,提供信用背书,实现无纸化担保。

服务领域	客服	风控	营销	投顾	支付
典型企业	网易七鱼 科大讯飞 desk 云问科技 Live800 小i机器人 易米云通 云知声 智齿客服 捷通华声	明略数据 杉数科技 YonghongTech (Talk with Data) 同盾科技 普林科技 AURORA 邦盛科技 科大国创 百分点	城外圈 个推 AdMaster 芝麻科技 4Paradigm 时趣 sunteng 舜飞 铂金分析 宏原科技	因果树 CLIPPER ADWISOR MICAI 理财魔方 文因互联 阿尔妮塔 鼎复数据	云从科技 SMIT 依图 Linkface 深醒科技 商汤 旷视 贝尔赛克 中科奥森
典型特点	利用大数据和人工智能,通过自动化、智能化,实现客服效率和质量双提升,并与精准营销有机结合,助力客服从成本中心向营销中心转变。	运用大数据、机器学习和人工智能等技术,实现智能风控,降低业务坏账率,提高放贷效率。	利用大数据和人工智能进行智能营销,建立个性化的顾客沟通服务体系,实现精准营销。	通过基本算法和模型,实现智能投顾,规避实测风险,获得最大化收益。	基于大数据和人工智能技术,将人脸识别、指纹识别等智能识别技术应用于支付领域,实现支付技术的创新发展。

图1.21 区块链技术在各服务领域中的作用

第四节
金融创新与风险监管：
互联网金融、P2P、众筹、加密货币

互联网金融与美国第一安全网络银行

互联网金融（ITFIN）是指传统金融机构与互联网企业利用互联网技术和信息通信技术实现资金融通、支付、投资和信息中介服务的新型金融业务模式。互联网金融不是互联网和金融业的简单结合，而是在实现安全、移动等网络技术水平上，被用户熟悉和接受后，自然而然为适应新的需求而产生的新模式及新业务，是传统金融行业与互联网技术相结合的新兴领域。1995年安全第一网络银行（Security First Network Bank，简称SFNB）成立，宣布了全球第一家网络银行诞生。SFNB在1995—1998年，充分发挥网络银行的方便性和安全性，几个月内就拥有了6 000多万美元的存款。

1998年被加拿大皇家银行以2 000万美元收购了其除技术部门以外的所有部分后，SFNB转型为传统银行的客户提供网络银行服务。[1]

---

[1] FDIC Banking Review, Vol. 8 No. 3 - Article III February, 1996.

Paypal

1998年12月,皮特·泰尔(Peter Thiel)和麦克斯·莱维金(Max Levchin)一同建立了康菲尼迪(Confinity)。该公司总部位于美国加州,1999年,应用PayPal正式上线,2000年,Confinity与X.com合并,后更名为PayPal。PayPal的业务主要是以国际在线支付替代传统的邮寄支票或汇款。PayPal和大量的电子商务网站合作,为它们提供货款支付方式。

历史上早期的众筹与第一家众筹网站

靠众筹矗立的自由女神

美国纽约港入口,著名的自由女神像在这里矗立了近130年。当初如果没有众筹,这尊来自法兰西的自由女神可能就无处安身了。1884年,为了筹建自由女神像的基座,新闻家约瑟夫·普利策(Joseph Pulitzer)在报纸上发起了一个众筹项目,鼓励大家参与。最后,该项目得到了12万人支持,筹款约100万美元,换算到当下市值约220万美元。现在这座作为美国象征的雕塑已经被列入《世界遗产名录》。

世界上第一家众筹网站ArtistShare

互联网众筹始于2001年的ArtistShare,也被誉为"众筹金融的先锋"。这家最早的众筹平台主要面对音乐家及其粉丝。艺术家通过该网站采用粉丝筹资的方式资助自己的项目，粉丝们把钱直接投给艺术家后可以观看唱片的录制过程，获得仅在互联网上销售的专辑。2005 年，美国作曲家玛利亚·施奈德（Maria Schneider）的《公园音乐会》(Concert in the Garden)成为格莱美历史上首张不通过零售店销售的获奖专辑。①

Square 手机刷卡器

2012 年，由杰克·多西（Jack Dorsey）创办的移动支付公司 Square 推出了一种手机刷卡器，并在美国 7 000 家星巴克门店开售。顾客花费 9.99 美元购买，激活后账户内即有 10 美元余额，并可通过该设备随时刷取自己的信用卡用于消费。凭借这一设备，2013 年 4 月 Square 公司的支付量环比增长 25%，2013 年公司处理金额达 50 亿美元。

美国最大 P2P 信贷公司 LendingClub 成立

2007 年借贷俱乐部（LendingClub）成立，首先在脸书（Facebook）上线。2007 年 8 月从诺维斯特风险投资公司（Norwest Venture Partners）和迦南伙伴（Canaan Partners）获得 1 026 万美元的 A 轮融资后，LendingClub 发展成为一家全面的 P2P 借贷公司。2007 年夏，成立不久的 LendingClub 和美国证券交易委员会（SEC）就投资者权证的问题进行了对话。次年，SEC 认定票据为证券性

---

① Don Heckman（February 10, 2008）. "Making fans a part of the inner circle". Los Angeles Times.

质，需宣布完成 SEC 注册程序，才能恢复全部业务运营。2014 年 12 月 12 日，LendingClub 通过 IPO 获得大量资金。它是第一家在美国证券交易委员会（SEC）将其产品注册为证券并在二级市场上提供贷款交易的 P2P 贷方。在鼎盛时期，LendingClub 是世界上最大的 P2P 借贷平台。2020 年，LendingClub 收购了数字银行 Radius Bank，并宣布将关闭其 P2P 借贷平台。

加密货币的演变

从密码学到密码朋克

1946 年，随着第一台电子计算机的诞生，以计算机为基础的现代密码学研究也开始启动。1976 年，惠特菲尔德·迪菲（Whitfield Diffie）和马丁·赫尔曼（Martin Hellman）撰写的《密码学的新方向》（New Directions in cryptography），这篇论文发表于 1976 年，标志着密码学的民用化，其覆盖了未来几十年密码学所有新的进展领域，也对区块链的技术和比特币的诞生起到决定性作用。1977 年，在这一基础上，RSA 算法诞生，即后来区块链技术中常用到的非对称加密算法，在公开密钥加密等场景中广泛使用。随着密码学的民用化，1993 年埃里克·休斯（Eric·Hughes）在《密码朋克的宣言》一文中首先使用了密码朋克（cypherpunk）一词，以此词来代指主张使用加密技术手段来捍卫个人隐私和促进社会发展的人。2008 年，中本聪在休斯创立的密码朋克邮件组中发布了比特币白皮书。①

密码朋克邮件组中的知名成员有：

提姆·梅：英特尔前助理首席科学家，密码朋克邮件组创始成员。

朱迪·米伦：计算机黑客的女性倡导者，密码朋克邮件组创始成员。

约翰·吉尔摩：昇阳计算机系统公司创始人之一，密码朋克邮件组创始成员。

朱利安·阿桑奇：维基解密创始人。

布莱姆·科恩：开发了内容分发协议 BitTorrent（比特流）。

戴维：创立了加密货币早期版本 B-money。

中本聪：比特币创始人。

马克·安德里森：网景浏览器创始人。

亚当·贝克：哈希现金（Hashcash）和 Blockstream 公司创始人。

罗伯特·海廷加：国际金融密码学会议创始人。

亚当·贝克与哈希现金

1997 年，英国的密码学家亚当·贝克（Adam Back）发明了哈希现金，其中用到了工作量证明系统（Proof of Work）。该概念最早出现在 1993 年，Hashcash 是工作量证明的早期应用，它要求电子邮件发件人在发送之前对电子邮件的标头进行有效性验证，而且

---

① 杨昊. 区块链：从密码朋克到人类命运共同体［J］. 国际论坛，2021（2）.

这种工作量证明发送方的计算机在一分钟内就能得出计算结果，不会让发送者感到很慢。工作量证明系统是日后比特币的核心理念之一，密码学货币的思想已经逐渐形成。①

戴伟与 B-money 白皮书

1998年，戴伟在密码朋克邮件组中发表了关于 B-money 的论文，在其设想中，B-money 是一个匿名分布式电子现金系统，采用 POW 造币来生产加密货币，交易过程则以分布式记账的方式来追踪加密货币的交易，发送方和接收方都没有真实姓名，都只是公钥。B-money 是对数字世界中独立货币研发的又一次探索。但它并没有链的概念，对于如何控制发行总量也没有明确的规定，也不能对交易进行排序。②

区块链与比特币

区块链（BlockChain）是借助密码学与共识机制等技术创建与存储庞大交易资料的点对点网络系统。目前区块链技术最大的应用是数字货币，如 2008 年由中本聪创立的比特币网络。区块链为参与的全部账户提供了一个公用账本，记录了所有账户的全部交易，内容难以篡改且可追溯。在比特币的系统中，比特币的地址相当于账户，比特币的数量相当于金额。随着区块链生态的进化，还出现

---

① 参见哈希现金官网：http://hashcash.org/
② Nathan Reiff. B-Money［EB/OL］.（2021-10-25）［2022-08-01］. https://www.investopedia.com/terms/b/bmoney.asp

了首次代币发售 ICO、智能合约区块链以太坊、"轻所有权、重使用权"的资产代币化共享经济等。①

图 1.22　中本聪的创世区块（框中："The Times 03/Jan/2009 Chancellor on brink of second bailout for banks"来自泰晤士报当天头版标）

比特币的改进：莱特币

　　比特币诞生后，由于挖矿主要由 GPU 执行，使得挖矿进入门槛很高，CPU 资源变得过时且对挖矿毫无价值。2011 年，前谷歌员工李查理（Charlie Lee）在 Bitcointalk 论坛上发布莱特币（Litecoin）。莱特币在其工作量证明算法中使用了 scrypt 加密算法，这使得相比于比特币，在普通计算机上进行莱特币挖掘更为容易（在 ASIC 矿机诞生之前）。通过改进的算法，网络大约每 2.5 分钟（而不是 10

---

① 柏亮. 数字金融——科技赋能与创新监管［M］. 北京：中译出版社，2021.

分钟）就可以处理一个块，因此可以提供更快的交易确认。基于此，莱特币主要面向小型交易，在日常生活中使用起来更为高效。①

维塔利克·布特林与以太坊

以太坊是一个去中心化开源的有智能合约功能的公共区块链平台，首次在 2013 年由维塔利克·布特林受比特币启发后提出，2014 年通过 ICO 众筹后开始发展，其原生加密货币是以太币。以太坊最重要的技术贡献是智能合约，即存储在区块链上的程序，可以协助和验证合约的谈判与执行。以太坊的潜在应用很多，目前较成熟的应用涵盖游戏、虚拟交易平台、去中心化创业投资、去中心化市场预测、智能电网、移动支付等领域。

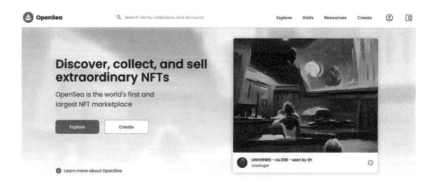

图 1.23　OpenSea 是目前以太网络上最大的 NFT 交易平台

---

① Lee, David, ed.（May 5, 2015）. Handbook of Digital Currency: Bitcoin, Innovation, Financial Instruments, and Big Data. Elsevier Science.

稳定币 USDT

比特币、以太坊等数字货币，在价格上波动剧烈，要实现数字货币的支付属性，首先要维持价格稳定。稳定币的出现，架起了数字货币与法定货币之间的桥梁。2014 年，Tether 推出了泰达币（USDT），通过与美元锚定实现自身价格的相对稳定。起初承诺每 1 枚 USDT 都对应着其银行账户的 1 美元等值资金担保。虽然这一模式与区块链去中心化思想相悖，但 USDT 通过美元传递的信任及进入市场的先发优势，很快成为稳定币市场的龙头。2019 年，Tether 将官网陈述的 1 比 1 美元储备改为有 100% 的储备支持，包括传统货币和现金等价物。①

证券型代币

证券型代币（Security Tokens）即具有证券性质的虚拟通货，包括权益代币和其他资本代币，其持有者拥有对特定资产、权益和债务工具的所有权，会对投资人允诺未来公司收益或利润，功能类似于证券、债券或其他金融衍生品，其首次发行被称为 STO。证券型代币属于证券监管对象，但如何判断一种加密货币属于证券型代币，各国并没有统一标准。例如按照美国证券交易委员会（SEC）的标准，2017 年发布的众多数字货币称自己为功能型代币，实际大多数是证券型代币。②

---

① 朱嘉明，李晓.数字货币蓝皮书（2020）[M].北京：中国工人出版社，2020.
② 徐忠，邹传伟.金融科技——前沿与趋势[M].北京：中信出版集团，2021.

比特币期货

比特币期货的交易模式不同于传统期货以美元为本位，以商品（金银、铜铂、石油、天然气等）为对象来进行交易，它是一种以比特币价格指数为标准的交易合约，投资者无须拥有基础加密货币即可参与比特币期货的投资。对于比特币矿工来说，期货是一种锁定价格的手段，以确保他们的采矿投资获得回报，而不管加密货币的未来价格轨迹如何。投资者则使用比特币期货来对冲他们在现货市场的头寸（款项）。由于期货是现金结算的，因此不需要比特币钱包。交易中不发生比特币的物理交换。

EOS 区块链操作系统诞生

企业区块链操作系统（Enterprise Operation System）诞生于 2017 年，由 block.one 公司提出，主旨是创造一个操作系统来简化开发者搭建去中心化组织的过程。EOS 提供了账户、身份验证、数据库、异步通信以及跨多个 CPU 核心或集群的应用程序调度支持。按照官方规划，EOS 会具有强大的横向扩展和纵向扩展能力，每秒可以支持数百万个交易，同时普通用户无须支付使用费用。2018 年该操作系统发布，block.one 负责 EOS 的技术开发，EOS 的运作主要依赖超级节点和社区。

Facebook 与天秤币

2019 年 Facebook 公司提出天秤币（Libra）设想，其意图设计一种简单、包容和全球性的数字货币，旨在促进低成本和用户友好型交易,整个过程均没有传统的金融中介。其特征主要有无信任验证与去中心化管理、风险性不确定、独特的自治管理等。天秤币自治管理委员会皆为互联网巨头,其影响覆盖了全世界人口的40%。该项目引起了美国、欧盟以及其他国家(地区)的政府监管机构和公众对货币主权、金融稳定、隐私和反垄断问题的强烈反对,最终导致该项目在2022年被扼杀。①②

非同质化通证 NFT

非同质化通证(Non-Fungible Token,NFT),是一种区块链数字账本上的数据单位,每个通证可以代表一个独特的数字资料,作为虚拟商品所有权的电子认证或证书。非同质化通证无法互换,因此可以代表数字资产,如画作、艺术品、声音、视频、游戏中的项目或其他形式的创意作品。虽然作品本身可无限复制,但这些代表它们的通证在其底层区块链上能被完整追踪,故能为买家提供所有权证明。2014年5月,凯文·麦考伊(Kevin McCoy)和安尼尔·达什(Anil Dash)创造了第一个已知的NFT,其中包括麦考伊的妻子珍妮佛(Jennifer)制作的一个视频剪辑。麦考伊

---

① Hoffman, Peter Rudegeair and Liz(2022-01-27). "WSJ News Exclusive | Facebook's Cryptocurrency Venture to Wind Down, Sell Assets". Wall Street Journal. ISSN 0099-9660.

② "Facebook's cryptocurrency failure came after internal conflict and regulatory pushback". Washington Post. ISSN 0190-8286.

在 Namecoin 区块链上注册了这个视频，并以 4 美元的价格卖给达什。①②

表 1.5　同质化通证（FT）与非同质化通证（NFT）对比

同质化通证	非同质化通证
锚定同质化的资产	锚定不同的资产
同种 FT 具有统一性	各个 NFT 各有不同
可与同种 FT 互换，不影响价值	NFT 是独一无二的，不可互换
可拆分为更小单元	不可拆分，基本单元为一个代币

---

① Cascone, Sarah（May 7, 2021）. "Sotheby's Is Selling the First NFT Ever Minted-and Bidding Starts at $100". Artnet News.
② Dash, Anil（April 2, 2021）. "NFTs Weren't Supposed to End Like This". The Atlantic.

第五节
国外金融科技监管概览

美国

2017年,美国国家经济委员会发布《金融科技白皮书》,为监管机构评估新兴金融科技系统提供了10项原则,包括将消费者放在首位、对金融生态系统给予广泛思考、促进安全的普惠金融和财富健康的发展、认识和克服潜在技术偏见、提高透明度与保护金融稳定等。同时美国整合金融消费者保护体系,单独设立金融消费者保护局(CFPB),先后颁布了《2009年金融消费者保护局法》《多德-弗兰克华尔街改革和消费者保护法案》。

英国

2015年,英国科学办公室发布《金融科技的未来》,首次提出"监管沙盒"概念,此后英国金融行为监管局(FCA)将其作为治理工具引入到金融市场监管语境下。2019年英国信息专员办公室发起隐私监管沙盒，旨在探究"隐私保护与激发科技创新"两者的良性互动。沙盒仅适用于在英国境内提供的产品与服务。从流程上看，分为报名、筛选、入选、确定监管沙盒计划、具体执行、出盒和公布报告等 7 个主要阶段。

新加坡

2017 年，新加坡金融监管局（MAS）设立监管科技办公室（SupTech Office），旨在与金融监管局其他部门合作，对监管和金融部门的数据进行分析。该部门使用数据验证技术，以提高效率、节省时间，使监管者能够更多地关注调查。如手动创建一个识别潜在反洗钱违法行为的网络大约需要两年时间，使用人工智能（AI）或机器学习（ML）做同样的事情只需要几分钟。新加坡在 2018 年已经投入使用自行开发的 SUPTECH 应用。

澳大利亚

澳大利亚证券和投资委员会（ASIC）开发的市场分析和智能系统（MAI）可以实时监控澳大利亚一级和二级资本市场，该系统接收来自所有股票和股票衍生品的产品和实时交易数据，并随时提供警报，识别市场中的异常情况。这些实时警报与日常操作和员工工作流程相集成，形成工作链，警报触发后将引发进一步的调查和分析，以确定事态根本原因，其最终结果反馈到一个确定优先级的分类组中,并在适当情况下触发深入调查。该系统同时具有大数据历史分析能力,能够提供完整的市场报告以及对大型和复杂风险的评估。

欧盟委员会

2020年9月24日,欧盟委员会通过了新数字金融一揽子计划,包括数字金融和零售支付策略及关于加密资产的立法建议。该提案的目的是在资本、投资者权利和监管方面对稳定币发行人引入更严格的要求。如果稳定币的发行额超过500万欧元,则要求发行人完成国家主管部门的授权。此外,该机构还要求加密资产发行者发布白皮书,对信息披露提出强制性要求。在12个月内,提供加密资产总额不超过100万欧元的中小企业可不发布白皮书。

日本

2016年5月25日,日本国会通过《资金结算法》修正案,确定于2017年4月1日起正式实施,标志着日本承认数字货币为合法支付手段,并将其纳入法律规制体系之内,成为全球第一个为数字货币交易所提供法律保障的国家。2018年,日本金融厅(FSA)成立战略发展和管理局,专职处理涉及数字货币市场洗钱等问题。2021年,为应对数字货币蓬勃发展,成立了监管去中心化金融及数字货币的委员会。

俄罗斯

2020年8月2日,俄罗斯《数字金融资产法》通过,允许从2021年起在俄罗斯进行数字金融资产(CFA)交易,但禁止在俄罗斯境内将数字货币作为支付手段。法案中,俄罗斯银行和交易所将能够成为数字金融资产交换运营商,并有权进行买卖交易和此类资产的交换,但必须在俄罗斯央行进行特别注册登记。俄罗斯银行有权确定数字金融资产的标志,只有合规投资者(包括个人投资者)才能购买一定数量内的数字金融资产。该法律还将禁止官员和其他无权在国外拥有账户(存款)的人,在外国信息系统中发行数字货币。

荷兰

荷兰在1998年和2007年先后通过有关法律,形成荷兰独特的金融监管体制——"双峰模式"。荷兰中央银行(DNB)是"双峰"中的审慎监管机构,统一负责宏观审慎监管和微观审慎监管;金融市场监管局(AFM)是"双峰"中的行为监管机构,负责金融机构的行为监管和金融消费者保护。荷兰财政部并非"双峰"监管机构,但在金融监管框架中具有承上启下的作用,连接荷兰金融市场、"双峰"机构和欧盟监管机构。金融稳定委员会是荷兰"双峰"监管机构和财政部进行金融监管协调与信息交换的重要平台。[1][2]

---

[1] 欧阳日辉. 中国数字金融创新报告(2021)[M]. 北京:社会科学文献出版社,2021.
[2] 柏亮. 数字金融[M]. 北京:中译出版社,2021.

第六节
中国金融科技的监管政策

中国人民银行发布的三项行业标准

2020年10月21日,中国人民银行发布《金融科技创新应用测试规范》《金融科技创新安全通用规范》《金融科技创新风险监控规范》三项行业标准。

《金融科技创新应用测试规范》从事前公示声明、事中投诉监督、事后评价结束等全生命周期对金融科技创新监管工具的运行流程进行规范,明确声明书格式、测试流程、风控机制、评价方式等方面要求,为金融管理部门、自律组织、持牌金融机构、科技公司等开展创新测试提供依据。

《金融科技创新安全通用规范》从交易安全、服务质量、算法安全、架构安全、网络安全、业务连续性保障等方面,明确对金融科技创新相关科技产品的基础性、通用性要求,为金融科技创新应用健康上线把好安全关口。

《金融科技创新风险监控规范》明确了金融科技创新风险的监控

框架、对象、流程和机制,要求采用机构报送、接口采集、自动探测、信息共享等方式实时分析创新应用运行状况,实现对潜在风险的动态探测和综合评估,确保金融科技创新应用的风险总体可控。

2020年11月2日中国银保监会、中国人民银行就《网络小额贷款业务管理暂行办法(征求意见稿)》公开征求意见,该办法旨在规范小额贷款公司网络小额贷款业务,防范网络小额贷款业务风险,保障小额贷款公司及客户的合法权益,促进网络小额贷款业务规范健康发展。

中国银行保险监督管理委员会发布的规章

2020年4月22日,中国银保监会公布《商业银行互联网贷款管理暂行办法》,该办法成为中国有关部门完善商业银行互联网贷款监管制度的重要举措,有利于补齐制度短板,防范金融风险,提升金融服务质效。

2022年1月26日,中国银保监会印发《关于银行业保险业数字化转型的指导意见》,这是中国银保监会出台的关于银行业保险业数字化转型的首份专门文件,在机制、方法等方面对银行业保险业数字化转型予以规范和指导。

工信部印发《"十四五"大数据产业发展规划》

2021年11月30日,工信部印发《"十四五"大数据产业发展规划》，该规划做出 6 项重点任务要求，包括加快培育数据要素市场、加强数据"高质量"治理、夯实产业发展基础、构建稳定高效产业链、打造繁荣有序产业生态、筑牢数据安全保障防线等。

网信办起草的规定

2021 年 8 月 27 日国家互联网信息办公室起草《互联网信息服务算法推荐管理规定（征求意见稿）》（以下简称《意见稿》），提出不得实施流量造假、控制热搜等影响网络舆论，外卖及网约车平台对劳动者、消费者的双重算法需规范，保证劳动者算法的公正透明，抵制算法对消费者"大数据杀熟"等。相关规定给算法推荐服务戴上"紧箍咒"。此外，《意见稿》对包括用户注册、信息发布审核、算法机制机理审核、安全评估监测、安全事件应急处置、数据安全保护和个人信息保护等在内的方方面面做出规定。

中国的金融科技沙盒监管

北京

2019 年 12 月 5 日，中国人民银行宣布支持北京启动金融科技创新监管试点工作。2020 年 1 月 14 日，央行营业管理部向社会公示 6 个由持牌机构申报的试点应用项目，这一在传统"行业监管 + 机构自治"监管模式基础上引入社会监督和行业自律的中国金融科技的监管创新正式登场。至 2022 年，北京版"监管沙盒"累计发布 3 批 22 个项目；资本市场金融科技创新试点首批的 23 个项目已经启动。[①]

```
中国结算"e网通"
证券行业数字人民币应用场景创新试点
基于人工智能的单账户配资异常交易检测系统
证券交易信用风险分析大数据平台
基于信创的金融混合云构建项目
基于区块链和隐私保护技术的行业风险数据共享平台
基于区块链的客户交互行为体系管理系统项目
基于区块链的证券业电子签约与存证服务平台
基于隐私计算的债券估值体系建设项目
探研服务数字化解决方案——机构间数据流通解决方案
销售清算自动化项目
智能排雷项目
基于大数据的智能投资与风险管理平台
基于零售业务敏捷化的云原生架构实践
基于区块链的私募基金份额转让平台
基于联邦学习技术的强监管营销模型的探索
```

图1.24　北京版"监管沙盒"首批16个试点项目

---

① 欧阳日辉.中国数字金融创新报告（2021）[M].北京：社会科学文献出版社，2021.

上海

2020 年 7 月，中国人民银行上海总部发布了上海金融科技创新监管试点应用公示（2020 年第一批），对 8 个拟纳入金融科技创新监管试点的应用向社会公开征求意见，标志着上海数字金融沙盒监管试点启动。2021 年 7 月 28 日，上海国际金融科技创新中心启用，该中心承担了上海市金融科技创新监管试点，即上海版"监管沙盒"的辅导工作。上海"沙盒"侧重于基于区块链和大数据的产业链金融风控技术，促进金融和产业链及数字政务的融合。

广州

2020 年 7 月，广州开始征集金融科技"监管沙盒"试点项目，截至 2022 年，广州市已经完成三批金融科技"监管沙盒"试点。该市"监管沙盒"涉及参与主体涵盖了监管部门、商业银行、科技公司、科研院所等，项目类型包括金融服务和科技产品，应用场景聚焦监管科技、普惠金融、风险防控等领域。作为外贸金融服务较多的城市，广州"沙盒"侧重于跨境金融服务安全和小微金融风控。

深圳

2020 年 7 月，深圳市公布首批创新监管试点应用，首批 4 项应用中，3 项应用类型是金融服务，总体偏向于具体的金融业务服务。深圳作为对外开放的前沿城市，其创新应用服务于独特的城市定位，例如基于区块链技术做境外人士薪酬验证等。2021 年，深圳市着手探索在前海及深港科技创新合作区等率先试点跨境金融创新"沙盒监管"管理模式，央行深圳支行计划与香港率先开展跨境监管沙盒试点。

苏州

2020年8月，苏州公示首批"监管沙盒"应用，从业务类型看，苏州首批试点创新应用项目涵盖征信、小微信贷等领域，聚焦金融服务难点痛点，特别是金融支持疫情防控和复工复产、长三角一体化等国家政策和战略。2021年，苏州将数字人民币初创企业引入"监管沙盒"。

杭州

2020年6月，杭州市宣布征集首批金融科技创新监管试点创新应用项目。根据《杭州国际金融科技中心建设专项规划》目标，杭州计划将探索借鉴英国、新加坡等地沙盒监管实践经验，确定特定区域，制定透明化、标准化、科技化的沙盒监管流程。杭州作为电商大数据比较发达的地区，其沙盒应用侧重于大数据、区块链和分布式账本技术。

重庆

2020年8月，重庆市公布首批"沙盒"试点名单，重点围绕小微企业融资、涉农金融服务等痛点难点问题展开。重庆作为西部直辖市，地方特色鲜明，对"三农"问题着力颇多。在2020年，重庆着手建设国家金融科技认证中心,探索发展金融科技新业态。重庆市总体倾向于金融标准化创新,打造国家金融科技认证中心。

雄安新区

2020年8月,雄安新区金融科技创新监管试点工作组面向社会公示首批5个创新应用。雄安新区的"沙盒"倾向于结合该区大规模建设实际需求,依托科技公司创新优势,运用现代信息技术赋能金融、惠民利企、提质增效。第二批则进一步探索将5G切片、电子围栏、大数据、端到端加密等先进技术应用于银行业务办理、金融交易反欺诈等场景。

02 第二章
Chapter 2

数字金融生态：
从账本到投资

第一节
数据与金融：账本、复式记账法、现金流量表

复式记账法和传统账本

我们在上一章提到了复式记账法，它创造了一种科学的从会计凭证中获取有关经济往来和经营成果的重要信息的记账方法，为现代企业和商业社会的形成准备了一个完美的记账方法论。德国哲学家歌德（Johann Wolfgang Von Goethe）赞誉它为"人类智慧的绝妙创造之一，每一个精明的商人从事经营活动都必须利用它"。

复式记账法是指以资产与权益平衡关系作为记账基础，对于每一项经济业务，都要在两个或两个以上的账户中相互联系地进行登记，系统地反映资金运动变化结果的一种记账方法，即"有借必有贷，借贷必相等"。记账是指将经济活动的数据记录在账本上。账本是具有一定的格式，以原始凭证为依据，对所有经济业务按序分类记录的账册。原始凭证则是在经济业务发生或完成时取得，用以记录或证明经济业务的发生或完成情况的凭据，它是进行会计核算工作的原始资料和重要依据，反映了最原始的交易信息，是明确经济责任的核

心。随着信息技术的发展，账本逐渐向数字化演进，出现了各类会计数据库。账本的数字化节省了人工、便于查询、检索能力强、效率高、绿色环保。会计电算化已成为当今会计工作的主要工具。

传统账本的核心信息：现金流量表分析

现金流量表是对资产负债表、利润表反映企业价值时过分注重净资产、净利润的校正。企业的价值实现不仅体现在利润的高低上，也体现在现金流上；现金流的水平能够反映企业实现价值能力的高低；经营活动、投资活动、筹资活动的现金净流量能反映企业的经营状况。如果公司经营状况正常，经营活动产生的现金流量应占主要部分。

具体来说，现金流量表的分析可从以下五个方面进行。

1. 流入、流出原因的分析

现金流量表将现金流量划分为经营活动、投资活动和筹资活动所产生的现金流量，并按现金的流入、流出项目分别反映，有利于报表使用者对其流动原因进行分析。通过该表，报表使用者可以清楚地了解企业当期现金流入、流出的原因，即现金的来源和去向。

2. 偿债能力的分析

在分析企业偿债能力时，首先要看企业当期取得的现金收入在满足生产经营所需现金支出后，是否有足够的现金用于偿还到期债务。在资产负债表和利润表的基础上,可以用短期偿债能力、长期偿债能力两个比率来分析。

3. 利润质量的分析

利润表是企业根据权责发生制原则和配比原则编制的,利润质量往往受到一定的影响,它不能反映企业生产经营活动产生了多少现金,但通过经营活动的现金流量与会计利润进行对比,就可以对利润质量进行评价。

4. 适应能力与变现能力分析

企业的财务适应性和变现能力可以通过经营活动的现金流量占全部现金流量的比例进行分析。其比例越高,说明企业经营活动的现金流量越大,流速越快,企业的财务基础越稳固,从而企业的适应能力与变现能力越好,抗风险能力也就越强。

5. 企业未来状况分析

评价过去是为了预测未来,虽然现金流量表反映的是企业过去一定时期内现金流量变化的动态信息,但它却为预测企业未来的财务状况提供了较可靠的数据。

分布式账本

随着信息技术的发展,账本逐渐向数字化演进,分布式账本是账本技术继数字化之后又一次重大飞跃。分布式账本技术（Distrubuted Ledger Technology，简称 DLT）不仅传承了传统的记账哲学，而且因其技术创新具有独特优势。在工作量证明机制中，矿工通过"挖矿"完成对交易记录的记账过程，为网络各节点提供了公共可见的去中心化共享总账（Decentralized Shared Ledger，简称 DSL）。每条区块链即是一本账本，在会计意义上与传统账本无本质差别，但从技术角度看，DLT 账本不仅传承了传统的记账哲学，又以其独特的创新，具有一些传统账本无法比拟的优点，不仅可以在公司账本，还可以在国家账本和行业账本编制上发挥所长，解决痛点，传承历史。以下介绍的是两种主要的分账式账本技术：比特币和以太坊。

传统的记账模式基于账户。在会计上，账户（Account）是根据会计科目设置的用于反映会计要素的增减变动情况及其结果的载体；在系统实现上，账户是一系列服务合约（Agreement）的承载体，一个账户中可能集合了多种产品或者服务，账户余额的变化是机构对产品或者服务产生的原始交易数据进行记录、汇总、分类、整理后反映在账户上的结果。传统的电子支付通过开立在中心化机构的账户余额的变化而实现，完全依赖于中心机构。与之不同，比特币系统在账本处理上采用了另一种新的模式，即未花费的交易输出（Unspent Transaction Output，简称 UTXO）模式。

从经济学角度看，UTXO 实质上是经公众一致同意后的未来价值索取权。具体而言，当一笔交易完成后，各节点对这笔交易行为及其结果形成共识，一致同意卖方在卖出商品后从买方手中获得在未来某一时刻向其他卖方买入相同价值商品的权利，这一未来价值索取权被广泛接受，无人反对，在下次交易中用于支付，无人拒绝。得到这一权利的充要条件是，有相应的已获得节点共识的交易发生。用相关术语来说，就是需要有交易输入，才能得到交易输出。

比特币区块链不需要账户，却通过UTXO完成了"价值"的转移，UTXO扮演了"货币"的角色。实质上，货币的本质是一种获得社会广泛共识的未来价值索取权。而UTXO则是一种在区块链网络里获得参与者共识的未来价值索取权，较为接近货币的本质。不过，它仅在有限的共识范围内发挥着交易媒介和支付功能。比特币系统还规定了UTXO的计价单位是"聪"，10的8次方聪等于一个比特币，以更好地发挥UTXO的货币功能。这就是比特币的本质。比特币是一种价值符号或价值单位，代表了一定价值的已得到共识的未来价值索取权。

UTXO信息与交易信息是一体的，因此，沿用传统账户处理的思路，UTXO表达的价值形式也可以转换成账户的形式。比如，比特币钱包里的账户余额就是UTXO聚合计算的产物。而以太坊则在区块链的基础上引入传统账户的概念，将交易作用于账户的过程描述为状态转换函数：appLY（S,TX）→ S，其中TX代表交易，S代表状态（State）。根据以太坊的定义，状态是由被称为"账户"的对象和在账户之间转移价值和信息的状态转换构成。每个账户是一个20字节的地址，可以是交易者的地址，也可以是合约的地址。通过状态转换，系统自动算出每个账户的余额。显然，这与原来由中心机构承担的账户处理工作没有差异，只是此时承担者改为了算法代码。于是，继 UTXO 模式之后，DLT 账本出现了类似于传统账本的 Account 模式。

与 Account 模式相比，UTXO 模式的优势在于，可以并行处理，提高效率。但是，UTXO 模式要存储所有流量信息，数据存储压力较大，Account 模式只请求当前的存量信息，忽略所有流量信息，但前提是，当前的存量信息是可信的。从监管角度看，UTXO 模式存储了所有流量信息，更有利于监管和审计。但 UTXO 与 Account 各有优劣，可以将两种模式进行融合，发挥各自所长。比如，为了加快同步速度，可以在 UTXO 模式中引入 Account，典型代表是以太坊；为了进行并发处理，Account 模式可以参考 UTXO 的理念对账户进行拆分，即不同的部门创建不同的账户，一个用户拥有多个账户，各自账户的交易自然就可以并行处理，处理完之后再将所有账户的余额相加获得总余额。就像传统记账既核算存量信息，又核算流量信息一样，UTXO 模式与 Account 模式的融合为信息需求者提供了更加完整、立体的账本信息，正成为当前 DLT 账本的发展趋势。

UTXO 与传统的复式记账法内涵一致，但 DLT 账本对传统账本技术做了如下改进。

第一，不易伪造，难以篡改，效率高，且可追溯，容易审计。传统账本，无论是纸质的账本，还是电子化的账本，均容易伪造和篡改。而且从原始凭证到会计账本的账务处理，容易出错。而区块链技术的 UTXO 设计通过哈希函数、时间戳、默克尔树等巧妙的数据结构设计并辅以密码学和共识算法，实现历史交易记录的难以篡改和不易伪造，并利用算法函数（比如以太坊的状态转换函数）自动计算出账户余额，效率高，又不出错。UTXO记账模式还具有可追溯特点，容易审计。

第二，通过交易签名、共识算法和跨链技术保障分布式账本的一致性，自动实时完成账证相符、账账相符、账实相符。应该说，任何主体都有记账的权利，有自己的一本账。而且同一主体通常持有多种账本，比如企业有出纳账、现金日记账、银行存款日记账、存货日记账、进销存日记账、营业费用明细账、总分类账、管理费用明细账、应收账款明细账、固定资产明细账、应付账款明细账、无形资产明细账、实收资本明细账等多种账本。从这个角度看，账本从来就是"分布式"账本，没有所谓的中心化账本。由于账本的易伪造和易篡改，如何保障和维持各类"分布式"账本的一致性则成为会计工作的关键，以及审计的重点。可以说，通过特有的单链记账技术和跨链记账技术，DLT账本省去了大量既费时间，又耗成本，还容易出错的对账工作，自动实时达成了各类"分布式"账本的一致性。

第三，将数据权利交还给个体。之前，许多参与者的个体信息在各类账本上"留痕"，尤其是随着数字经济的发展，个人数据隐私保护问题越来越突出。我国《网络安全法》和欧盟通用数据保护法案GDPR（General Data Protection Regulation）从法律角度规定了数据主体享有知情权、访问权、反对权、可携权、被遗忘权等多项权利，以加强个人隐私保护。而DLT则从技术层面着手，采用数字签名及加密等技术手段,把数据权利真正交还给了个体。通过采用零知识证明、同态加密、安全多方计算、环签名、群签名、分级证书、混币等密码学技术及解决方案,还可实现交易身份及内容的隐私保护。

第四,提高财务报表信息的价值。DLT 账本具有可追溯、难以篡改和不易伪造的特性,可以保障财务报表信息的真实性和可靠性,不仅如此,DLT 账本还可以在以下方面进一步提高财务报表信息的价值。一是提高财务报表信息的及时性。传统的会计处理、记录和对账需要成本,因此基于成本收益原则,传统会计核算一般是按月度、季度、半年度或年度来编制披露会计报表,这种基于会计分期假设定期编制的财务报表具有严重滞后性,影响了财务信息的及时性。投资者、债权人、财务分析人员、企业管理者等相关信息需求主体的决策是不间断地进行的,他们希望随时都能得到决策所需要的信息。财务信息的及时性至关重要。从技术可行性看,基于自动化执行、实时记账又能实现全局一致性的 DLT,瞬时的资产负债表编制已成为可能。这或许将是财务会计的一次重大变革。当然,这还需要满足一些必要前提条件,比如,DLT 账本应有足够的泛在性,能够全面覆盖各类会计要素。二是,提高财务报表信息的相关性。根据财务报告的满足需求原则,财务报表是为了满足信息使用者的决策需求,因此财务报表信息应与信息使用者的决策相关。与历史成本信息相比,公允价值信息更具有相关性。然而,传统记账方式,由于前述所言财务报表的编制和披露难以做到及时性,不得不更多依靠历史成本计量法,影响了财务信息与使用者决策的相关性。而利用 DLT，不仅可以实现财务信息的可靠性，还能实现财务报表编制的及时性，使基于公允价值的计量变得更加可行，从而更好地满足信息使用者的需求。三是，提高财务报表信息的全局性。同样，由于记账需要成本，因此基于成本收益原则，传统财务报表通常有选择地反映预先认为对决策者有用或重要的信息。信息使用者仅能掌握企业经营活动的部分信息，而非全局信息。而 DLT 的应用不仅可以降低记账成本，提高效率，还可以让信息使用者穿透式获得企业运营的全局信息，提高决策效率。不过在此过程中，可能会涉及相关利益主体的知情权和企业商业机密之间的信息披露边界问题，需要进一步权衡。此外，全局信息的获取意味着信息的大规模增长，如何更好地提取信息价值则成为关键。从这个角度看，DLT 与大数据分析、云计算、人工智能等科技的融合很可能会成为未来账本技术的发展方向。

综上，账本技术现代化是公司治理乃至国家治理现代化的基础。DLT 有其独特的优势，有望发挥重要作用，当然它也存在不足，比如扩展性尚不能满足要求，数据隐私和访问控制有待改进，如何与现有会计核算体系相融合，如何更好地将其应用于各类账本编制，需要进一步试错和探索。因此应注意发挥技术应用的规模效应和协同效应，从而最大限度地释放出 DLT 账本的正能量。

数据要素与数字金融

数据作为生产要素，是数字经济的基础。数字金融就是金融业对数据要素提供的金融服务。数据发挥作用的前提是流通、定价、融合，打造数据生态。在数据要素和资本相结合的过程中，金融业是核心支撑和基础设施。但目前金融业为数据服务还存在数据确权、数据资产化和数据流通定价等问题。数据资产化能够加快数据确权，由于数据存在可用可不见的属性，因此未来数据流通的主体应该是数据的特定使用权而不是数据本身。因此，要建设数字金融和数据生态，必须从数据的使用权和受益权入手进行有益探索。

数据是社会个体和政府对自然资源和社会资源进行优化的决策依据。社会个体是生产数据和提供决策依据的"神经末梢"，同时也不断利用数据进行自身的"局部优化"。政府则是进行"整体优化"的"大脑"。

数据要素服务于实体经济，是数字经济的基础。数据对实体经济有着重要的驱动作用，是优化资源、连接创新、激活资金、培育人才、推动产业升级和经济增长的关键生产要素。数据流是引领物资流、服务流、资金流、人才流、技术流和知识流的中枢。

金融数据是金融业在提供服务时所产生的和所需要使用的数据。数字金融是金融业对数据要素提供的金融服务。

单个生产要素无法独立产生价值，不同的生产要素只有相互结合才能发挥作用。在市场经济中，资本和金融业是最直接的经济利益传导机和资源效率放大器。数据要素与资本和金融业相结合是贯彻"健全数据要素由市场评价贡献、按贡献决定报酬的机制"的必然道路。

数据真正成为社会化的生产要素需要金融支撑和金融服务。数据要素化需要进行数据建设、数据要素化基础设施建设和数据生态建设，需要大量投资。数据作为有价值的"资产"，需要金融业为其投资、持有和流通提供全方位的金融支撑和资产服务。数字金融是数据要素化的关键基础设施之一。

数据要素，是现代金融业必须正视的、在可见的未来最大最重要的新资产类别，也将成为实体经济和现代金融业大多数客户的核心资产。数字金融的未来已来。

数字金融生态：大数据、云计算、人工智能、区块链

20世纪90年代，随着互联网的发展及其在经济生活中的广泛应用，数字经济已经在全球兴起，成为推动经济增长的重要动力。

数字经济的基础在于数字金融，其主要是利用技术创新金融产品、商业模式、技术应用和业务流程。金融最根本的问题就是信息不对称，信息不对称会导致逆向选择，或者是道德风险的问题，数字技术（大数据、人工智能、云计算、区块链等）正在从根本上帮助解决上述系列基本问题。

数字金融生态包括：大数据、云计算、人工智能、区块链。

大数据

大数据指的是所涉及的资料规模巨大到无法透过目前主流软件工具，在合理时间内达到撷取、管理、处理并整理成为帮助企业经营决策更积极目的的资讯。在维克托·迈尔-舍恩伯格（Viktor

Mayer-Schönberger）及肯尼斯·库克耶（Kenneth Cukier）编写的《大数据时代》（*Big Data:A Revolution That Will Transform How We Live, Work, and Think*）中，大数据指不用随机分析法（抽样调查）这样的捷径，而对所有数据进行分析处理。大数据归纳起来有五大特点：大量（Volume）、高速（Velocity）、多样（Variety）、低价值密度（Value）、真实性（Veracity）。

图 2.1　大数据与云计算的关系图

注：SaaS（Software-as-a-Service）软件即服务；PaaS（Platform as a Service）平台即服务；IaaS（Infrastructure as a Service）基础设施即服务。

麦肯锡全球研究所给出的大数据定义是：一种规模大到在获取、存储、管理、分析等方面大大超出了传统数据库软件工具能力范围的数据集合，具有海量的数据规模、快速的数据流转、多样的数据类型和价值密度低等四大特征。

大数据技术的战略意义不在于掌握庞大的数据信息，而在于对这些含有意义的数据进行专业化处理。换而言之，如果把大数据比作一种产业，那么这种产业实现赢利的关键在于提高对数据的"加工能力"，通过"加工"实现数据的"增值"。

从技术上看，大数据与云计算的关系就像一枚硬币的正反面一样密不可分。大数据必然无法用单台的计算机进行处理，必须采用分布式架构。它的特色在于对海量数据进行分布式数据挖掘。但它必须依托云计算的分布式处理、分布式数据库和云存储、虚拟化技术。

随着云时代的来临,大数据需要特殊的技术,以有效地处理大量的容忍经过时间内的数据。适用于大数据的技术,包括大规模并行处理(MPP)数据库、数据挖掘、分布式文件系统、分布式数据库、云计算平台、互联网和可扩展的存储系统。结构如图2.2所示。

理论 Theory	实践 Utilazation	技术 Technoilgy
1. 特征定义	1. 互联网的大数据	1. 云计算
2. 价值探讨	2. 政府的大数据	2. 分布式处理平台
3. 现在和未来	3. 企业的大数据	3. 存储技术
4. 大数据隐私	4. 个人的大数据	4. 感知技术

图2.2 大数据的结构图

大数据包括结构化、半结构化和非结构化数据,非结构化数据越来越成为数据的主要部分。大数据就是互联网发展到现今阶段的一种表象或特征而已,在以云计算为代表的技术创新大幕的衬托下,这些原本看起来很难收集和使用的数据开始容易被利用起来了,通过各行各业的不断创新,大数据会逐步为人类创造更多的价值。

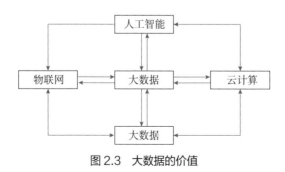

图2.3 大数据的价值

不过,"大数据"在经济发展中的巨大意义并不代表其能取代一切对于社会问题的理性思考,科学发展的逻辑不能被湮没在海量数据中。著名经济学家路德维希·冯·米塞斯(Ludwig Heinrich Edler von Mises)曾提醒过:"就今日言,有很多人忙碌于资料之无益累积,以致对问题之说明与解决,丧失了其对特殊的经济意义的了解。"

随着大数据的快速发展,就像计算机和互联网一样,大数据已成为新一轮的重要技术革命。随之兴起的数据挖掘、机器学习和人工智能等相关技术,将改变数据世界里的算法和基础理论,实现科学技术上的突破,从而使数字资产成为推动全球增长的核心引擎。

云计算

云计算是分布式计算技术的一种,它的原理是通过网络"云",将所运行的巨大的数据计算处理程序分解成无数个小程序,再交由计算资源共享池进行搜寻、计算及分析后,将处理结果回传给用户。

云连接着网络的另一端,为用户提供了可以按需获取的弹性资源和架构。用户按需付费,从云上获得需要的计算资源,包括存储、数据库、服务器、应用软件及网络等,大大降低了使用成本。

云计算的本质是从资源到架构的全面弹性,这种具有创新性和灵活性的资源降低了运营成本,更加契合变化的业务需求。

云计算有三个种类:

1. 公有云:公有云通常指第三方提供商提供给用户使用的云,

公有云一般可通过互联网使用。借助公有云，所有硬件、软件及其他支持基础架构均由云提供商拥有和管理。

2. 私有云：私有云是为一个客户单独使用而构建的云，因而提供对数据、安全性和服务质量的最有效的控制。使用私有云的公司拥有基础设施，并可以控制在此基础设施上部署应用程序的方式。

3. 混合云：混合云是公有云和私有云这两种部署方式的结合。由于安全和控制原因，企业中并非所有的信息都能放置在公有云上。因此，大部分已经应用云计算的企业将会使用混合云模式。

云计算的服务类型也可分为三种：1. 基础设施即服务（IaaS）：为企业提供计算资源——包括服务器、网络、存储和数据中心空间。

2. 平台即服务（PaaS）：为基于云的环境提供了支持构建和交付基于 Web 的（云）应用程序的整个生命周期所需的一切。

3. 软件即服务（SaaS）：在云端的远程计算机上运行，这些计算机由其他人拥有和使用，并通过网络和 Web 浏览器连接到用户的计算机。

总之，云计算是当前最火爆的三大技术领域之一，其产业规模增长迅速，应用领域也在不断扩展，从政府应用到民生应用，从金融、交通、医疗、教育领域到创新制造等，全行业延伸拓展。

人工智能

人人工智能亦称智械、机器智能，指由人制造出来的机器所表现出来的智能。通常人工智能是指通过普通计算机程序来呈现人类智能的技术。随着医学、神经科学、机器人学及统计学等学科的进步，人工智能已进入大规模应用推广的阶段，有些预测甚至认为人类的无数职业将逐渐被人工智能取代。

美国斯坦福大学人工智能研究中心约翰·尼尔逊（Nils John Nilsson）教授在其著作《理解信念：人工智能的科学理解》（*Understanding Beliefs*）对人工智能下了这样一个定义："人工智能是关于知识的学科——怎样表示知识以及怎样获得知识并使用知识的科学。"而另一位美国麻省理工学院的帕特里克·亨利·温斯顿（Patrick Henry Winston）教授在其著作《人工智能》（*Artificial Intelligence*）中指出："人工智能就是研究如何使计算机去做过去只有人才能做的智能工作。"这些说法反映了人工智能学科的基本思想和基本内容，即人工智能是研究人类智能活动的规律，构造具有一定智能的人工系统，研究如何让计算机去完成以往需要人的智力才能胜任的工作，也就是研究如何应用计算机的软硬件来模拟人类某些智能行为的基本理论、方法和技术。

人工智能是研究使计算机来模拟人的某些思维过程和智能行为（如学习、推理、思考、规划等）的学科，主要包括计算机实现智能的原理、制造类似于人脑智能的计算机，使计算机能实现更高层次的应用。人工智能涉及计算机科学、心理学、哲学和语言学等学科，几乎涵盖了自然科学和社会科学的所有学科，其范围已远远超出了计算机科学的范畴。人工智能与思维科学的关系是实践和理论的关系，是处于思维科学的技术应用层次，是一个应用分支。从思维观点看，人工智能不仅限于逻辑思维，更要考虑形象思维、灵感思维，这样才能促进人工智能实现突破性的发展。数学常被认为是多种学科的基础科学，数学已进入语言和思维领域，因此人工智能学科必须借用数学工具，使其在标准逻辑、模糊数学等方面发挥作用。数学进入人工智能学科后，它们将互相促进而实现更快地发展。通常，"机器学习"的数学基础是"统计学""信息论"和"控制论"，当然还包括其他非数学学科。这类"机器学习"对"经验"的依赖性很强。计算机需要不断从解决一类问题的经验中获取知识和学习策略，在遇到类似的问题时，运用经验知识解决问题并积累新的经验，就像普通人一样。这样的学习方式被称之为"连续型学习"。但人类除了会从经验中学习之外，还会创造，即"跳跃型学习"，这在某些情形下可以被称为"灵感"或"顿悟"。一直以来，计算机最难学会的就是"顿悟"，或者再严格一些来说，计算机在学习和"实践"方面难以学会"不依赖于量变的质变"，很难从一种"质"直接到另一种"质"，或者从一个"概念"直接到另一个"概念"。正因为如此，计算机的"实践"并非和人类的实践一样。人类的实践过程同时包括经验和创造。

从人工智能的发展过程来看，1956年夏季，以麦卡赛、明斯基、罗切斯特和申农等为首的一批有远见卓识的年轻科学家在一起聚会，共同研究和探讨用机器模拟智能的一系列有关问题，并首次提出了"人工智能"这一术语，标志着"人工智能"这门新兴学科的正式诞生。IBM公司"深蓝"电脑击败了人类的世界国际象棋冠军更是人工智能技术的一个完美表现。

从1956年正式提出人工智能学科算起，50多年来，该学科已取得长足的发展，成为一门广泛的交叉和前沿科学。总的说来，人工智能的目的就是让计算机这台机器能够像人一样思考。如果希望做出一台能够思考的机器，那就必须知道什么是思考，更进一步讲就是什么是智慧。2019年，人工智能 Pluribus 在六人桌德州扑克比赛中击败多名世界顶尖选手，突破了人工智能仅能在国际象棋等二人游戏中战胜人类的局限。

美国认知模拟经济学家、1975年图灵奖得主、1978年诺贝尔经济学奖获得者赫伯特·西蒙（Herbert Alexander Simon）和计算机科学认知信息学领域的科学家艾伦·纽厄尔（Allen Newell）研究人类解决问题的能力和尝试将其形式化，同时他们为人工智能的基本原理打下了坚实基础，如认知科学、运筹学和经营科学等。他们的研究团队使用心理学实验的结果来开发模拟人类解决问题的方法的程序。这种方法一直在美国卡内基梅隆大学被沿袭下来，并在20世纪80年代发展到高峰。不同于艾伦·纽厄尔和赫伯特·西蒙，美国斯坦福大学人工智能实验室主任约翰·麦卡锡(John Mccarthy Joseph Raymond McCarthy）教授则基于逻辑，认为机器不需要模拟人类的思想，应尝试找到抽象推理和解决问题的本质，而不管人们是否使用同样的算法。他在斯坦福大学的实验室致力于使用形式化逻辑来解决多种问题，包括知识表示、智能规划和机器学习。致力于逻辑方法的还有英国爱丁堡大学，这也促成了欧洲的其他地区开发编程语言 PROLOG 和逻辑编程科学。而"反逻辑"的研究者，如斯坦福大学教授马文·闵斯基（Marvin Lee Minsky）和西摩尔·派普特(Seymour Aubrey Paper）发现要解决计算机视觉和自然语言处理的困难问题，则需要专门的方案。他们主张不存在简单和通用的原理能够达到所有的智能行为。而罗杰·香克（Roger Schank）在美国西北大学成立了学习科学研究所ILS，他将他们的"反逻辑"方法描述为SCRUFFY，斯坦福大学计算机科学家道格·莱纳特(Douglas Lenat)的CYC就是SCRUFFY AI的例子，因为他们必须人工一次性编写一个复杂的概念。在1970年出现大容量内存计算机后，研究者分别以三个方法开始把知识构造成应用软件，这就是基于知识的方法。这场"知识革命"促成了专家系统的开发与规划。"知识革命"同时让人们意识到许多简单的人工智能软件可能需要大量的知识，包括哲学和认知科学、数学、神经生理学、心理学、计算机科学、信息论、控制论、不定性论、仿生学和社会结构学等。

人工智能具有广泛的应用领域，包括机器翻译、智能控制、专家系统、机器学习、语言和图像处理等，产生了遗传编程机器人工厂、自动程序设计、航天应用、庞大的信息处理、储存与管理、执行化合生命体无法执行的或复杂或规模庞大的任务等。

人工智能在实践中包括两种观点：弱人工智能（TOP-DOWN AI）的观点认为不可能制造出能真正地推理（REASONING）和解决问题（PROBLEM_SOLVING）的智能机器，这些机器只不过看起来像是智能的，但是并不真正拥有智能，也不会有自主意识。强人工智能（BOTTOM-UP AI）的观点认为有可能制造出真正能推理（REASONING）和解决问题（PROBLEM_SOLVING）的智能机器，这样的机器将能被认为是有知觉的，有自我意识的。强人工智能可以有两类：类人的人工智能，即机器的思考和推理就像人的思维一样；非类人的人工智能，即机器产生了和人完全不一样的知觉和意识，使用和人完全不一样的推理方式。弱人工智能如今不断地迅猛发展，随着机器人等实现再工业化，工业机器人以比以往任何时候更快的速度发展，更加带动了弱人工智能和相关领域产业的不断突破，很多必须由人来做的工作如今已经能用机器人实现。强人工智能则随着算力和算法的提升，其运用也在广泛的领域中取得了重大进展，如无人驾驶、机器学习、脑机接口等。

伴随着人工智能和智能机器人的发展，人类将面临的是人工智能本身就是超前研究，需要用未来的眼光开展现代的科研，因此很可能触及伦理底线。作为科学研究可能涉及的敏感问题，就需要针对可能产生的冲突及早采取预防措施，而不是等到问题和矛盾到了不可解决的时候才去想办法化解。

英国知名物理学家霍金(Stephen William Hawking)表示："计算机具备的人工智能将会在未来100年中的某个时点超越人类的智能。当这种情形发生时，我们必须确保计算机是站在人类这边的。"霍金说道："我们的未来是在日益崛起的科技力量与我们试图掌控它们之间的一场竞赛。"同时，霍金还警告称："发明AI（人工智能）可能会成为人类历史上最大的灾难，如果管理不善，会思考的机器可能会为文明画上句号。"

随着区块链技术的产生和应用，区块链与人工智能的融合将成为建立数据安全和可信社会的基础。

区块链

区块链技术是指多个节点间,基于加密链式区块结构、分布式节点共识协议、P2P 网络(对等网络)通信技术和智能合约等技术,组合而成的一种去中心化基础架构。区块链技术是多项成熟技术的一次整合。区块链技术源于比特币系统的底层框架,是具备去中心化、去信任化、集体维护、时序数据、可编程和不可篡改等特点的分布式存储框架,对于金融领域乃至整个宏观社会系统具有重大现实意义。区块链是由一些已经成熟的技术整合而成,区块链目前主要有公有链、联盟链及私有链 3 类,数据层、网络层、共识层、激励层、合约层和应用层构成了区块链底层基础架构。除了比特币系统外,区块链主流开发平台还包括以太坊和超级账本。

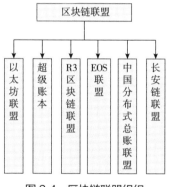

图 2.4 区块链联盟组织

区块链技术表面只是一个分布式环境下的块链式结构存储技术,而实际内涵却十分丰富,讲述区块链的发展史可分为以下三个阶段。

区块链 1.0 阶段:2009 年至 2014 年底。进入 21 世纪的华尔街，金融衍生品如雨后春笋般发展并泛滥，由于美国政府滥发钞票引发次贷危机，最终导致 2008 年的金融危机爆发。此时，一个叫中本聪的人，为了抗议政府滥发钞票所造成的通胀而发明了比特币（BTC），第一次提出了区块链的概念。比特币的"去中心化"思想迎合了人们对自由财富权利的需求，1.0 阶段的区块链由此诞生。这一阶段，大部分区块链应用主要以比特币网络为基础，或者直接修改比特币源代码实现应用（即可编程货币）。区块链技术的主要应用是去中心化的数字支付系统。2010 年 5 月，程序员 Laszlo Hanyecz 用 1 万枚比特币购买了两个比萨，完成了首个比特币真实交易。

区块链 1.0 的特点：以区块链为单位的块链式数据结构，全网共享账本、非对称加密及源代码开源，具备去中心化的数字货币和支付平台的功能。区块链 1.0 的意义是创造了区块链技术和落实了数字货币，解决了货币支付的安全问题和信任问题。但是区块链 1.0 的应用还很狭隘，只满足数字货币的交易和支付功能并且交易速度比较慢，因此该阶段的区块链难以深入人心，从而发展到了区块链 2.0 阶段。

区块链 2.0 阶段：2015 年底至 2017 年底。区块链 2.0 是指智能合约与数字货币相结合，给金融领域提供了更加广泛的应用场景。这一阶段中，以太坊（ETH）最为典型。以太坊是一个开源的有智能合约功能的公共区块链平台。以太坊最大的成功是在比特币系统的基础上，增加了智能合约，使区块链的应用从货币体系发展到了股票、债券、期货、贷款、抵押、产权、保险等金融和商业领域，这样就极大地扩展了区块链技术的应用范围。例如：一度火爆的 ICO（Initial Coin Offering）被认为是带来 2017 年数字货币大牛市的主要原因。ICO 是一种为数字货币/区块链项目筹措资金的方式。通过 ICO，许多国内巨头公司和政府机构纷纷开启了区块链技术的研发。

区块链 2.0 的特点：各种数字权益开始上链，将区块链技术应用到了数字货币以外的领域，在人类历史上首次出现了可编程金融。以太坊作为一种图灵完备的底层协议，相对于区块链 1.0 具有较大的优势。比特币是事先设定好系统，而以太坊则是一种灵活的、可编程的区块链。在以太坊网络中，开发者可以创建符合自己需要的、具备不同复杂程度的区块链去中心化应用（Dapp）。随着技术应用的扩大，区块链深入到各行各业，因此迎来了一个新的时代，即区块链 3.0 时代。

区块链 3.0 阶段：2018 年至今。基于区块链技术的基础设施不断牢固，以及各国政府更加趋于合理的监管政策，市场上出现了一个更加强大的物种——EOS，其定位于企业级的区块链操作系统，如 EOS 系统是商用分布式应用设计的一款区块链操作系统。区块链 3.0 是价值互联网的核心，超越了数字货币（1.0）、智能合约（2.0）范围的应用，它是用来解决各行各业的互信问题与数据传递安全性的技术落地。EOS 作为 3.0 阶段的代表，为区块链和产业的深度融合铺设了一条更加宽广的高速路。而区块链 3.0 被称为互联网技术之后的新一代技术创新，足以推动更大的产业变革。

区块链 3.0 的特点：由区块链构造一个全球性的分布式记账系

统，不仅能够记录金融业的交易，而且可以记录任何有价值的能以代码形式进行表达的事物。将区块链技术应用到数字内容、信息溯源、博彩、电子竞技、旅游等各行各业，这个阶段将会推动可编程社会的产生，从而进入下一代互联网 Web3.0 阶段。

区块链的基础架构可分为六个方面。

1. 数据层

数据层用来存储数据区块，涵盖了时间戳、梅克尔树（Merkle trees）、非对称加密和哈希函数等技术点，确保数据的可追溯性和不可篡改性。数据区块结构上有区块头和区块体 2 个部分。区块头记录版本号、父区块哈希值、时间戳、随机数和梅克尔根等信息。区块体中存储以梅克尔树为组织形式的交易数据。数据区块以时间戳为顺序构成链式结构。梅克尔树可用于快速校验区块数据的存在性和完整性。椭圆曲线密码算法是区块链技术中使用的非对称加密方式，拥有公钥和私钥 2 个密钥的非对称加密方式确保数据安全。

应用层	可编程货币	可编程金融	可编程社会
合约层	智能合约	基本语言	共识机制
激励层	发行机制		分配机制
共识层	工作量证明机制	权益证明机制	股份授权证明机制
网络层	对等网络	验证机制	传播机制
数据层	数据区块	默克尔数	哈希函数	数字签名

图 2.5　区块链框架结构图

2.网络层

组网方式、消息传播协议、数据验证机制等构成了网络层。构建去中心化的节点拓扑分布，任意2个节点无须建立互信即可交易，交易信息通过广播传递，为了维持整个网络的正常运转，利用激励机制来保证拥有足够的节点参与贡献算力。

扁平式拓扑结构的P2P组网方式，使得网络中的每个节点承担相同角色，主要具备路由发现、验证交易信息、广播交易信息和发现新节点等功能。整个网络的正常运转不会被部分节点的损坏而影响，但同时提高了维护全部节点的成本。全部的网络节点会实时监听网络中的广播信息，发现其他节点的广播数据后，会查看交易中的签名和时间戳等标记，并利用区块的工作量证明去验证此次交易和区块有效性。若通过验证则进行存储并继续转发广播。否则废弃此数据信息并不再转发。节点通过广播将自己生成的交易信息向周围节点发送，其他节点验证通过后继续传播，当大多数（51%）节点接收到信息后即为交易通过。若信息验证未通过，便会废弃，停止继续传播错误信息。

3.共识层

去中心化网络中的决策权高度分散，必须有效实现各节点对数据的有效性，高效地达成共识。共识层利用工作量证明（PoW）机制、权益证明（PoS）机制、股份授权证明（DPoS）机制以及分布式一致性算法等几种方案，有效地解决了这个问题。共识过程与经济激励的结合极大地增强了区块网络的可靠性。在PoW机制中，要想达到篡改或伪造区块的目的，必须对此区块以及后面的所有区块都重新寻找随机数,控制区块网络 51% 以上的算力后才有可能,因此攻击的成本极大。为了克服 PoW 算力资源被浪费,以及 51% 攻击等问题,PoS 机制用权益证明(币龄和代币数量等)来替代 PoW 中的算力证明,挖矿难度随着拥有的资源数量增多而减小。在一定程度上违反了完全去中心化的概念。DPoS 机制类似董事会投票,每个节点可将其权益授权于一个节点代表,节点代表对其他节点负责,由节点代表轮流记账的形式生成新区块。由于减少了数据验证时节点参与的数量和记账权竞争的资源消耗,实现了秒级的共识验证。在联盟链中,不同于完全去中心化要求的公有链,其更适合无须大量消耗算力资源的分布式一致性算法。在区块网络中推选出一个主节点来完成产生新区块、广播节点交易信息等工作。

4. 激励层

区块链系统通过设计适度的经济激励机制并与共识过程相集成,从而汇聚大规模的节点参与并形成对区块链历史的稳定共识。激励层的目的是提供一定的激励措施鼓励节点参与区块链的安全验证工作。区块链的安全性依赖于众多节点的参与。

5. 合约层

合约层的本质是基于区块链底层的商业逻辑及算法,实现对区块数据的灵活操作,还可在合约层实现区块链系统的应用编程。比特币平台使用脚本 1.0 去保证合约控制,而新一代区块链平台大多开始使用智能合约。使用编程语言编写的智能合约实现了商业逻辑的运用,在区块链中的全部节点发布合约,被调用时会在以太坊虚拟机上运行,运行后无法被强行停止。将交易的商业逻辑以及访问数据的规则封装为智能合约后，外部应用则通过调用智能合约来对区块链进行访问区块状态及交换数据等操作。智能合约的主要优点包括：较低的人为干预风险、准确地执行、高效的实时更新、去中心化的权威以及低运行成本。智能合约为数据层的数据赋予了可灵活编程的机制，从而承担起区块链中的机器代理的角色。

6. 应用层

基于区块链平台在应用层可实现各种应用场景和现实案例。区块链 1.0 支持虚拟货币的相关应用，可构建与转账、数字化支付相关的去中心化电子货币应用，能够实现跨国交易和快捷支付等多样化服务。比特币应用是其典型代表。区块链 2.0 增加了智能合约的创新应用，智能合约在金融领域被作为金融市场的公正基石之后，在债券、股票、产权、贷款和抵押等方面便得到了广泛应用。同时将技术拓展到支撑一个去中心化的市场，扩大交易范围。区块链 3.0 则是以去中心化的思想去配置全球资源，将区块链的应用范围拓展到货币和金融以外的领域，比如政府选举、文化版权、社会公正和健康医疗等。

区块链的不同发展阶段都有以下共同特点：

1. 去中心化

去中心化是区块链最突出的本质特征，由于是通过分布式核算和存储的方式进行管理，因此区块链不再依赖于第三方管理机构或硬件设施，没有中心化的管制，所有节点都具有均等的权利和义务，能够实现信息的自我验证、传递和管理。去中心化的方式在交易过程中能有效节约资源，同时没有了第三方的介入，也提高了信息的安全性。

2. 开放性

开放性也可理解为区块链是一个公开透明的系统，区块链数据对所有人公开，任何人都可以通过公开的接口来查询区块链数据记录或是开发相关应用，当然交易各方的私有信息是被加密的。也正是因为这个特点，各个节点才能实现多方的共同维护，即便是某个节点出现了问题，也不影响整个网络。

3. 自治性

区块链的自治性指的是基于协商一致的规范和协议，使系统中的参与方能够在完全去信任的情况下，自动安全地验证、交换数据，而不受任何人为的干预，来确保区块链上每一笔交易的真实性和准确性，而这将把第三方之间的信任转化为对机器的信任，最终实现数据的自动管理。

4. 不可篡改

交易信息一旦通过验证并且记录到区块链中，就会被永久保存，无法被篡改。但严格来说，也并不是完全不可篡改，除非能同时控制区块链系统中超过 51% 的节点，才可以操控修改网络数据。但是理论上，篡改数据的成本远远高于收益，因此区块链中的数据具有很高的安全性，达到了去信任的效果，从而改变了中心化的信用模式。

5. 匿名性

区块链上的节点和交易者都有一个用数字和字母组成的唯一的地址，用以标识自己的身份。由于节点之间的交换遵循固定的算法，数据的交换是无须信任的，因此并不需要以公开身份的方式来获取信任。除非涉及法律的规定，在区块链中的信息传递、交易可以匿名进行。

因此，具备这些特性的区块链技术给元宇宙的发展带来巨大的推动作用，由此拉开了元宇宙＋区块链的序幕。

2021年作为元宇宙的元年，元宇宙与区块链的融合之道体现在身份标识、去中心化支撑和资产支持等三个大的方面。

1. 区块链为元宇宙提供身份标识

在元宇宙里人们的身份除了借助目前传统的身份认证体系，未来将会接入区块链的身份认证体系，这意味着哪怕不借助传统意义的身份认证，同样可以判断使用者身份，同时保证他人身份不会被复制或盗用。除了身份的防复制，还包括资产的防复制。只有保证了元宇宙里身份的唯一，才能真正畅游于元宇宙，不用担心自己的价值被剽窃。有了区块链技术这项基础保障，元宇宙才会有真正的发展。在区块链领域火热的"ENS 空投"（ENS 是以太坊的域名系统，类似于互联网中的 DNS），其实就代表了新的身份认证标识，未来的元宇宙里同样会有这样的产品出现。

2. 区块链为元宇宙带来去中心化支撑

如何保障在元宇宙中的数据安全至关重要。区块链之所以被称为价值互联网，在于它能保证在其上的数据不会被篡改、不可伪造、数据的传递可以追溯，因而能传递价值和权益。有了区块链的加持，未来的元宇宙才能更加贴近现实中的交互。

元宇宙需要建立在一个不是被中心化主体所能控制的服务器

上，同时元宇宙的所有数据都以去中心化的方式分布式地被存储、计算和进行网络传输。而区块链的去中心化技术结合一些新兴的分布式的存储、计算和网络传输技术，可以构建出元宇宙所期望的去中心化网络基础设施，在元宇宙中的数据和资产都属于个人，不会再出现身处的元宇宙被他人随意支配和破坏的情形。

元宇宙的一大特点是与现实世界的运行规则十分相似，会有非常强烈的真实沉浸感。"Code is Law"，意思是代码即法律，是区块链一直为人津津乐道的一个显著特点。因为区块链是去中心化且公开透明的，可以通过智能合约的方式，提前把规则用代码写好，这样便可以保证代码没有暗箱操作的部分，也能保证没有人能篡改规则。而规则一旦写好，便可以自动执行，当触发了规则所设定的条件后，区块链里的智能合约就能按照设定执行相应的操作，这便是代码即法律的诠释。如此一来，在元宇宙中的种种行为可以在区块链的保障下，做到公平公正，安全可靠。元宇宙也会变得更加的法治和谐，区块链是保障元宇宙中的社会环境的重要技术基础。

3. 区块链为元宇宙提供资产支持

对于元宇宙而言，可信的资产价值是非常重要的组成部分。因为在相对自由的元宇宙中不存在强中心化的机构，每个人都是自己元宇宙的主人。在这种情况下元宇宙会逐渐地发展出自成体系的经济系统，并且具有独特的经济体系，需要在去中心化的前提下实现资产价值认证，而这一切都离不开区块链技术的支持。区块链技术支持下的 NFT 为元宇宙中的资产进行了合理且高效的赋能，而区块链技术本身更是为资产数字化带来了可能性。

NFT 的英文全称为 Non-Fungible Token，即非同质化通证，具有不可篡改、不可分割、不可替代且独一无二的特点，被广泛地应用于图像、音乐、艺术品当中。其不可篡改和不可分割的特质说明了任何一个 NFT 相关的数据的更改都会体现在区块链之上，并成为清晰可查的一部分。而不可替代且独一无二则表明了任一 NFT 在区块链上的表达都是可溯源的确权，就像没有任何两片雪花是一样的，没有任何两个 NFT 可以相互替代。而这一特性使得 NFT 具有了一定的排他性，可以为元宇宙中的资产提供支持，并具有非常重要的价值。首先，NFT 可以使之前不能变现的虚拟物品资产化。在传统互联网当中，虚拟资产的价值往往很难兑现，哪怕是游戏中的金币和物品也只能在单一游戏中小范围地交易。而被 NFT 赋能后的虚拟物品有了全新的所有权确认体系，并且在底层区块链上得到了巨大的扩容市场，这使得 NFT 真正意义上成为具有实际价值的资产。其次，NFT 与线下实体的联动，是具有影响力的传统企业得以轻易地对接到元宇宙当中的手段。在元宇宙中有一个非常重要的假定，那就是在未来的某一天，当用户在线下购买了一辆汽车，那么在元宇宙的世界里也会存在同样的一辆汽车供他使用。这件事在不久前被兰博基尼实现了，数字收藏品平台 ENVOY Network 推出 NFT Wen Lambo，由著名荷兰当代艺术家 Pablo Lücker 定制绘画。该 NFT 的买家将收到由豪华汽车经销商 VDM Cars 交付给他们的定制喷漆稀有兰博基尼。同时 NFT 还可以在保证资产稀缺性的同时，进行控制权和编辑权的分离。用户购买了 NFT 之后，创造 NFT 的机构或艺术家可以在最初的智能合约的限定中进行编辑，使得资产的自然增长与变化成为可能。

资产数字化也是元宇宙的重要基础，元宇宙中资产记录在区块链之上，可以在保证安全的同时完成即时交互。交易是社交中非常重要的一环，人类从蒙昧无知的原始人成长为高度文明发达的社会人，物物交换有着至关重要的作用。纵观整个人类的贸易史，就是一部人类发展史。那么作为对物理世界一切生产生活方式进行复刻的元宇宙需要一种安全、可追踪且透明的支付方式，才能从根本上保证用户的自由。区块链作为不可篡改的去中心化的分类账，可以满足元宇宙资产数字化的要求，从底层逻辑上看，区块链在即时交易和可信度方面具有其他技术不能比拟的优势。

加密货币、非同质化通证（NFT）和其他基于区块链的数字货币、数字资产和交易所，构成了支撑跨元宇宙的价值交换。

随着政府、企业和新的纯数字化组织致力于建立可信的数字货币系统，提出新的数据货币化主张，并在元宇宙中开展各项数字金融交易等活动，人们需要做出进一步的理念创新、制度创新和技术创新。

去中心化自治组织（DAO）基于区块链上运行的计算机程序执行的自愿同意的规则，在这一过程中将扮演重要角色。

综合来看，区块链目前已经进入了快速发展阶段，元宇宙作为科技的集大成者，同样离不开区块链的加持，而两者的有效融合才会带来新的商业创新。

第二节
信任机制与算法技术

共识机制

工作量证明（Proof Of Work，PoW）

工作量证明是通过计算来猜测一个数值（nonce），使得拼凑上交易数据后内容的哈希（Hash）值满足规定的上限（来源于 hashcash）。由于 Hash 难题在目前计算模型下需要大量的计算，这就保证在一段时间内，系统中只能出现少数合法提案。反过来，如果谁能够提出合法提案，也证明提案者确实已经付出了一定的工作量。

同时，这些少量的合法提案会在网络中进行广播，收到的用户进行验证后，会在用户认为的最长链基础上继续难题的计算。因此，系统中可能出现链的分叉（Fork），但最终会有一条链成为最长的链。

Hash 问题具有不可逆的特点，目前除了暴力计算外，还没有有效的算法进行解决。反之，如果获得符合要求的 nonce，则说明在概率上是付出了对应的算力。谁的算力多，谁最先解决问题的概率就越大。当掌握超过全网一半算力时，从概率上就能控制网络中链的走向。这也是所谓 51% 攻击的由来。

参与 PoW 计算比赛的人，将付出不小的经济成本（硬件、电力、维护等）。当没有最终成为首个算出合法 nonce 的"幸运儿"时，这些成本都将被沉没掉。所以如果有人尝试恶意破坏，需要付出大量的经济成本。也有人考虑将后算出结果者的算力按照一定比例折合进下一轮比赛。

有一个很直观的超市付款的例子，可以说明为何这种经济博弈模式会确保系统中最长链的唯一性。

假定超市只有一个出口，付款时需要排成一队，可能有人不守规矩要插队。超市管理员会检查队伍，认为最长的一条队伍是合法的，并让不合法的分叉队伍重新排队。新到来的人只要足够理智，就会自觉选择最长的队伍进行排队。这是因为，多条链的参与者看到越长的链越有可能胜出，从而更倾向于选择长的链。

可以看到，最长链机制可以很好地提高抗攻击性，同时其代价是浪费掉了非最长链上的计算资源。目前部分改进工作是考虑以最长链为基础，引入树形结构以提高整体的交易性能，如幽灵协议（GHOST Protocol）和 Conflux 算法。

权益证明（Proof of Stake，PoS）

权益证明（PoS）最早在 2013 年被提出，并在 Peercoin 系统中被实现，类似于现实生活中的股东机制，拥有股份越多的人越容易获取记账权（同时越倾向于维护网络的正常工作）。

典型的过程是通过保证金（代币、资产、名声等具备价值属性的物品即可）来对赌一个合法的块成为新的区块，收益为抵押资本的利息和交易服务费。提供证明的保证金（例如通过转账货币记录）越多，则获得记账权的概率就越大。合法记账者可以获得收益。

PoS 试图解决 PoW 中大量资源被浪费的问题，因而受到了广泛关注。恶意参与者将存在保证金被罚没的风险，即损失经济利益。

一般情况下，对于 PoS 来说，需要掌握超过全网 1/3 的资源，才有可能左右最终的结果。这也很容易理解，三个人投票，前两人分别支持一方，这时候第三方的投票将决定最终结果。

PoS 也有一些改进的算法，包括股份授权证明机制（DPoS），即股东们投票选出一个董事会，董事会成员才有权进行代理记账。这些算法在实践中得到了不错的验证，但是并没有理论上的证明。

2017 年 8 月，来自爱丁堡大学和康涅狄格大学的 Aggelos Kiayias 等学者在论文《一种可证明安全的存储证明区块链协议》(*Ouroboros: A Provably Secure Proof-of-Stake Blockchain Protocol*) 中提出了 Ouroboros 区块链共识协议，该协议可以达到诚实行为的近似纳什均衡，被认为是首个可证实安全的 PoS 协议。

委托权益证明（Delegated Proof of Stake，DPOS）

委托权益证明 DPOS 类似 POS，只是 DPOS 选择一些节点代表来参与以后的交易认证和记账（以 EOS 为例，EOS 有 21 个节点被称为超级节点，作为代表来进行交易认证记账）。也就是说，社区内选择少数可以代表的人，这些人代表整个社区去做投票记账的事。类似于选一个代表大会，来做主节点的核查和确认。DPOS 的优点在于它继承了 POS 的原理且比 POS 拥有更快的效率和更高的性能。它的缺点也很明显，DPOS 为了保障性能，对去中心化做出了妥协。以 EOS 为例，EOS 有 21 个超级节点，因此并不是真正意义上的去中心化，而是变为"弱中心化"或者说"部分去中心化"。

实用拜占庭（Practical Byzantine Fault Tolerance，PBFT）

PBFT 算法的提出主要就是为了解决拜占庭错误。其算法的核心为三大阶段：Pre-prepare 阶段（预准备阶段），prepare 阶段（准备阶段），commit 阶段（提交阶段），以图 2.6 来理解该算法。

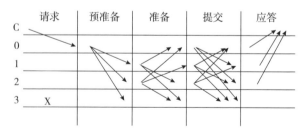

图 2.6 使用拜占庭节点图

来源：https://medium.com/taipei-ethereum-meetup/intro-to-pbft-31187f255368。

其中 C 表示发起请求客户端，0、1、2、3 表示服务节点，3 节点出现了故障，用 f 表示故障节点的个数。C 向 0 节点发起请求，0 节点广播该请求到其他服务节点。节点在收到 Pre-prepare 消息后，可以选择接受和拒绝该消息，接收该消息则广播 prepare 消息到其他服务节点。当一个节点在 prepare 阶段并收到 2f 个 prepare 消息后，进入到 commit 阶段，广播 commit 消息到其他服务节点。当一个节点在 commit 阶段并收到 2f + 1 个 commit 消息后（包括它自己），发送消息给 C 客户端。当 C 客户端收到 f + 1 个 reply 消息后，表示共识已经完成。PBFT 中节点数必须满足 N ≥ 3f + 1 这个关系，只要节点中的故障节点不超过 1/3 时，就可以完成共识确定一致性。由于 PBFT 算法的特性以及性能问题，所以其常用于小规模联盟链中。

其他算法技术

哈希算法（Hash）

把任意长度的输入（又叫作预映射），通过散列算法，变换成固定长度的输出，该输出就是散列值。这种转换是一种压缩映射，也就是散列值的空间通常远小于输入的空间，不同的输入可能会散列成相同的输出，而不可能从散列值来唯一地确定输入值。简单地说就是一种将任意长度的消息压缩到某一固定长度的消息摘要的函数。

哈希表是根据设定的哈希函数 H（key）和处理冲突方法将一

组关键字映射到一个有限的地址区间上,并以关键字在地址区间中的象限作为记录在表中的存储位置,这种表称为哈希表或散列表,所得存储位置称为哈希地址或散列地址。作为线性数据结构与表格,和队列等相比,哈希表无疑是查找速度比较快的一种。

通过将哈希算法应用到任意数量的数据将得到固定大小的结果。如果输入数据中有变化,则哈希值也会发生变化。哈希可用于许多操作,包括身份验证和数字签名,也称为"消息摘要",即它是一个从明文到密文的不可逆的映射,只有加密过程,没有解密过程。同时,哈希函数可以将任意长度的输入经过变化以后得到固定长度的输出。哈希函数的这种单向特征和输出数据长度固定的特征使得它可以生成消息或者数据。

零知识证明(Zero-Knowledge Proof)

密码学中,零知识证明(zero-knowledge proof)或零知识协议(zero-knowledge protocol)是一方(证明者)向另一方(检验者)证明某命题的方法,特点是过程中除"该命题为真"之事外,不泄露任何资讯。因此,可理解成"零泄密证明"。例如,欲向人证明自己拥有某情报,则直接公开该情报即可,但如此则会将该细节亦一并泄露;零知识证明的精粹在于,如何证明自己拥有该情报而不必透露情报内容。这也是零知识证明的难点。

若该命题的证明,需要知悉某秘密方能做出,则检验者单凭目睹证明,而未获悉该秘密,仍无法向第三方证明该命题(单单转述不足以证明)。待证的命题中,必定包含证明者宣称自己知道该秘密,但过程中不能传达该秘密本身。否则,协议完结时,已给予检验者有关命题的额外的资讯。此类"知识的零知识证明"是零知识证明的特例,其中待证命题仅有"证明者知道某事"。

交互式零知识证明中,需要各方互动,靠通信过程证明某方具备某知识,而另一方检验该证明是否成立。

有向无环图(Directed Acyclic Graph,简称 DAG)

有向无环图是一种数据建模或结构化工具,经常用于加密货币领域。它与区块链本身不同,因为区块链由块组成,而 DAG 有顶点和边。因此,在其上进行的加密货币支付被记录为顶点,然后它们被记录在另一个之上。

区块链看起来像是一条由块组成的实际链,而 DAG 由于交易记录和存储的方式,更像是一张图。目前 DAG 已被证明在数据存储或在线交易处理等方面效率更高,将解决区块链的可扩展问题。DAG 可以使交易处理更快,是一个更好、更安全的解决方案。

跨链技术

区块链所面临的诸多问题中,区块链之间的互操作性极大程度地限制了区块链的应用空间。不论是公有链还是联盟链,跨链技术就是实现价值互联网的关键,是区块链向外拓展和连接的桥梁。目前主流的跨链技术包括:公证人机制(Notary schemes),侧链/中继链(Sidechains/Relays),哈希锁定(Hash-locking),多方安全计算(Multi-Party Computation)。

第三节
数字货币的发行、交易与监管

数字货币的监管

截至目前,各国关于加密货币监管的趋势总体依旧可分为三种态度:拥抱支持、模糊不定、严令禁止。

拥抱支持的国家

萨尔瓦多

加密行业 2021 年最受人们瞩目的事件之一是中美洲北部沿海国家萨尔瓦多成为世界上第一个采用比特币作为法定货币的国家。萨尔瓦多总统布克尔此前曾表示,比特币合法化将刺激该国的投资,并帮助大约 70% 无法获得传统金融服务的萨尔瓦多人。布克尔宣称,萨尔瓦多将建造一个"比特币城",利用火山的地热能为比特币挖矿提供动力。根据官方数据,萨尔瓦多的国库目前共有 1 241 个比特币,价值约 6 300 多万美元。

第二章 数字金融生态：从账本到投资

瑞士

一直对加密货币友好的瑞士在 2021 年也延续了这个趋势，尽管不像萨尔瓦多全面拥抱比特币，但瑞士允许发行和交易加密资产的监管框架已存在多年。位于瑞士北部的楚格有着"加密谷"的美誉，据官方数据，"加密谷"拥有 Ethereum、Cardano、Solana 等 11 家估值超过 10 亿美元的独角兽公司。

2022 年 9 月，瑞士金融市场监督管理局（FINMA）批准了该国首只主要投资于加密资产的基金；同月，瑞士证券交易所旗下的数字交易所获得牌照，意味着其能够提供区块链证券交易和存托服务。瑞士的区块链生态系统处于较为稳健、成熟的状态，并且基础稳固，近年来瑞士在推动区块链行业方面的系列动作也为行业的进一步增长提供了积极的条件。

阿拉伯联合酋长国

阿拉伯联合酋长国人口最多的城市——迪拜已成为"加密友好"城市之一。官方表示迪拜世界贸易中心（DWTC）将成为加密货币和其他虚拟资产的加密区和监管机构。币安交易所与迪拜世界贸易中心管理局（DWTCA）签署合作协议，加入全球首个加密资产生态系统。

模糊不定的国家

美国

尽管美国开始变得对加密货币更加友好，但监管思路和政策并未完全落定。该国加密资产领域最主要的事件莫过于 Coinbase 的成功上市和比特币期货 ETF 的上市，后者被视为美国加密资产监管的一个里程碑。此外，传统金融部门也在促进加密货币使用方面发挥了作用。例如支付业巨头之一 Visa 在加密行业做了最新的尝试，宣布为金融机构、商户推出加密咨询服务。另两家支付巨头万事达卡和 PayPal 也都在加密货币领域动作频频。迈阿密市长 Francis Suarez 也有着被众人皆知的对加密货币友好的态度。他宣布将率先接受比特币支付工资，他还表示将与居民分享该市加密货币的部分收益。这条路上他并不孤单，并且有了"竞争对手"。在纽约市市长竞选中胜出的 Eric Adams 表示，他想要把纽约变为一个对加密货币友好的城市，并与迈阿密市长在加密货币方面友好竞争。

2021 年的最后一个月，美国众议院金融服务委员会在国会山举行的"数字资产和金融的未来：了解美国金融创新的挑战和利益"听证会，被称为美国有史以来最积极、最具建设性、民主共和两党参与度最高的一次美国众议院的加密金融听证会。

印度

加密货币监管政策最摇摆不定的非印度莫属。印度政府计划推出过一项加密货币和官方数字货币监管的法律，此法案试图禁止国民持有所有私人加密货币。这在当时引发了用户短暂的恐慌性抛售加密资产。然而，到目前为止印度议会会议并未对该法案进行讨论。

哈萨克斯坦

位于中亚的哈萨克斯坦，尽管在该国开采加密货币是合法的，但使用加密货币和其他数字资产却是非法的。剑桥大学一份研究报告表明，因中国2021年持续的挖矿打击行动，截至2021年底，哈萨克斯坦的哈希率提升为18.1%，仅次于美国的35.4%，这意味着其挖矿份额已跃居全球第二位。值得注意的是，两年前哈萨克斯坦的哈希率仅为1.4%。

严令禁止的国家

已公布绝对禁令的国家和地区包括：阿尔及利亚、孟加拉国、中国、埃及、伊拉克、摩洛哥、尼泊尔、卡塔尔和突尼斯这九个国家。

中国

2021年度加密领域的大新闻之一，是中国全面禁止加密货币交易。2021年，中国加大了对加密货币的打击力度，从贯穿一整年的整治挖矿行动，到9月24日央行等10部委再次发出加强打击加密货币的明确信号，都能看出官方对加密货币炒作的零容忍态度并无变化。自通知发布后，包括火币、币安、OKEx等在内的加密货币交易都在年底退出中国大陆市场。值得一提的是，中国一度是全球比特币矿工数量最多的国家。与此同时，中国加快了数字人民币的场景扩容，多地加入试点城市。截至2021年12月31日，数字人民币试点场景已超过808.51万个，累计开立个人钱包2.61亿个，交易金额875.65亿元。

土耳其

目前已公布隐性禁令的国家和地区包括坦桑尼亚、托加、土耳其、黎巴嫩和玻利维亚等国家。隐性禁令指的是那些禁止银行或其他金融机构交易加密货币或向涉及加密货币的人或企业提供服务,并禁止加密货币交易所在辖区内运营。这些国家中,土耳其是最引人注目的国家。土耳其监管机构发布了《关于在支付中停用加密资产的规定》和《关于防止犯罪收益洗钱和资助恐怖主义措施的条例》两份文件,将加密货币从法律上定义为资产,但禁止用作支付方式。

俄罗斯

世界上面积最大的国家俄罗斯,正处于加密货币监管上的十字路口。尽管加密货币在俄罗斯并未被取缔,但俄罗斯中央银行正在寻求禁止加密货币,理由是金融稳定存在风险和交易量激增。俄乌冲突也为数字货币蒙上了巨大的阴影。

尼日利亚

曾是非洲最活跃的加密货币市场尼日利亚,2021年2月该国央行发表声明禁止当地金融机构与参与加密交易的实体进行交易,并警告称将实施严厉的监管制裁。不过这个措施并没有抑制在尼日利亚发生的加密货币交易,在央行禁令后,尼日利亚的加密货币使用量呈继续上升的趋势。据Chainalysis的数据,2021年5月该国收到了价值24亿美元的加密货币,高于2020年12月的6.84亿美元。此外,在2021年全球加密货币采用指数的排行榜中,尼日利亚排名第六，美国位于第八。Chainalysis 在这份报告中解释称，肯尼亚、尼日利亚、越南和委内瑞拉等新兴市场国家的该指数排名靠前很大程度上是因为在 P2P 平台上拥有巨大的交易量。

2021 年全球数字货币最高峰值超过 3 万亿美元，但 2022 年 5 月数字货币市场大幅调整，对全球金融市场产生了重大影响，加密数字货币市场遭遇大跌。2022 年 5 月初，全球第三大稳定币 TerraUSD（下称 UST）与其 1 美元的锚定价格发生严重脱钩，最低跌至 5 月 13 日的 0.08 美金 / 枚，根据 CoinGecko 数据显示，截至 5 月 15 日，其 30 天累计跌幅达到 82%。有币圈"茅台"之称的 LUNA 从最高 120 美金迅速跌至 0.01 美金。而受到 UST 和 LUNA 币暴跌的拖累，比特币也跌破 30 000 美金，整个虚拟数字货币市场遭遇巨震。未来监管机构的重心会放在特定领域，如稳定币、DeFi 上。USDT 等稳定币作为加密货币领域的重要"基础设施"，对区块链加密经济乃至实体经济正逐渐产生巨大影响。

第四节
数字资产的创建、交易与转换

同质化通证的发行

ICO

首次代币发行（ICO）是众多团队为加密货币领域项目集资的一种手段。在ICO中，团队会基于区块链生成代币，并出售给早期支持者。在这个众筹阶段，用户会收到可使用的代币（可立即使用或将来使用），而项目则会收到发展资金。2014年，该做法首次用于资助以太坊发展，此后便受到极力追捧。数百家企业纷纷采用此种方式（尤其是在2017年达到鼎盛时期），并且获得了不同程度的成功。首次代币发行（ICO）听起来有点像首次公开募股（IPO），但实际上这是两种截然不同的融资方式。

IPO往往适用于成熟企业，他们通过出售企业部分股权份额达到集资目的。相比之下，ICO更像一种集资机制，可以让各大企业为处于早期阶段的项目集资。ICO投资者购买了代币并不代表购买该企业的所有权。对于科技型初创公司来说，ICO可以成为一种取代传统集资方式的可行方案。通常情况下,如果新进入者尚未推出任何功能产品,则会面对相当大的筹资障碍。而在区块链领域,成熟企业很少根据白皮书的优势而投资项目。此外,区块链缺乏监管,导致许多投资者几乎不会考虑区块链初创企业。

但是,并非只有初创公司在运用这种做法。某些成熟企业偶尔也会选择发行反向ICO,其功能与常规ICO非常相似。在这种情况下,企业已经推出产品或服务,并会发行代币将其生态系统去中心化。它们也可能会举办一次ICO,吸纳更多投资者,为新的区块链项目集资。

ICO与IEO(首次交易平台发行)

首次代币发行与首次交易平台发行具有众多相似之处。其关键区别在于,IEO不由项目团队直接托管,而是在加密货币交易平台进行。交易平台与团队建立合作,让平台的用户可以直接在平台上购买代币,所有参与方均可受益。如有信誉良好的交易平台支持IEO,则代表该项目经过严格审计,往往能够满足用户的期待。IEO的幕后团队可提升曝光率,而交易平台则能够取得项目成功,属于两全其美之举。

ICO与STO(证券型代币发行)

证券型代币发行一度被称为"新的ICO"。由于两者创建和分发代币的方式相同,从技术角度来看毫无区别,但从法律层面上来看,两者的地位却截然不同。由于某些法律具有模糊性,导致尚未对监管机构应该如何界定 ICO 的资质达成共识，因此，该行业仍未出台任何有力的规章制度。

某些企业决定采用 STO 并以代币形式提供股份。此外，通过此操作还可以帮助他们规避不确定性。发行者会向相关政府机构登记其发行的证券，使其享有与传统证券相同的待遇。

非同质化通证（NFT）的发行

NFT 主要有以下两种发行方式。

自己创建 NFT

人人都可以创建 NFT，这带来了灵活性，当然也意味着，市场上 NFT 的质量良莠不齐，大量的 NFT 并不具有收藏或交易价值，这是参与 NFT 需要注意的。NFT 交易市场通常也提供了工具或教程，指引用户创建自己的 NFT，例如 Rarible、OpenSea、MintBase 等。

以最常见的 NFT 收藏类为例，可以将 NFT 的创建过程分为如下几个步骤：

前期选型阶段，选择 NFT 所在的区块链、采用的协议和交易的市场，以及 NFT 的主题、拟发行数量、面向人群和上线时的玩法（众筹、免费发放或者是作为挖矿奖励发放）。NFT 发行也是一次产品创造的过程。

根据 NFT 主题和面向人群，设计好相应的图片、文案，甚至多媒体素材。对收藏类 NFT 而言，更要着重考虑的是不同类别系列，以及对应收藏品的稀缺程度的设计和进化的玩法（普通、稀缺、传奇、史诗等）。如果涉及游戏内的 NFT 资产，也需要考虑好 NFT 不同的种类，如何在游戏内应用。这一步最为烦琐。可以使用在线工具创建 NFT，提交图片、文案、稀缺度、自定义属性、价格等信息，然后点击提交之后，会将 NFT 合约部署至区块链上。查看和测试自己的 NFT 作品，是否可以交易、转账。部分网站采取审核制的话，还需要额外进行 NFT 提交操作。最后，可以在 NFT 交易平台中创建 NFT 商店，展示和出售自己创建的 NFT。

根据不同 NFT 或者创建工具的不同，多少会有一些区别，不过大致的过程如上所述。正如前文所说，Rarible（支持 ERC1155 协议）、OpenSea、MintBase 等交易所，以及 WAX 区块链上的 AtomicHub 等交易平台也都提供了各自的创建工具。

参与 NFT 的一级市场发行

许多 NFT 团队会采取限时限量的方式，进行 NFT 的首次发行，称之为 NFT 一级市场发行。NFT 打新通常接受法币或者加密货币作为支付方式，参与者可以得到对应的 NFT 或者一组 NFT，然后进行拆包，如同小时候玩的小浣熊收藏卡，撕开之后可以获得不同的卡，增加了玩盲盒的趣味。尽管许多 NFT 团队会采取限量限时的方式，鼓动用户参与其中，制造 FOMO（fear of missing out），且一级市场的参与者希望可以通过买入后转手在二级市场卖出的方式来赚到差价，但是，如果 NFT 本身的设计机制不够有吸引力、发行方的影响力不大、受众有限，就会影响到二级市场的参与深度和未来预期,导致一级市场参与者所持有的 NFT 卖不出去,造成损失。

同质化通证(FT)的交易

加密货币交易是指针对单个加密货币兑美元(加密货币/美元对)或兑另一种加密货币(加密货币对)选定价格方向,进行多仓或空仓操作。差价合约(CFD)是一种非常受欢迎的加密货币交易方式,它不仅拥有较高的灵活性、支持杠杆,还可以进行空头和多头交易。主流同质化通证交易所如下:

#▲	名称	交易所分数	交易量(24小时)	平均流动性	每周访问次数	#市场(USD)	#货币(USD)	法币支持	交易量走势图(7天)
1	币安网	9.9	$ 15 078 326 482 ▲8.48%	826	22 060 223	1666	394	AED,ARS,AUD and+43 more	
2	coinone	8.4	$ 2 174 881 505 ▲16.45%	750	2 191 082	503	173	USD,EUR,GBP	
3	Coinba sePro	8.4	$ 2 395 411 041 ▲4.41%	732	4 718 412	466	326	USD,EUR,GBP and+7 more	
4	Kraken	8.0	$ 838 522 061 ▲16.35%	749	1 661 405	541	167	USD,EUR,GBP and+4 more	
5	KuCoin	7.6	$ 1 807 794 754 ▲1137%	575	2 554 651	1291	696	USD,AED,ARS and+45 more	
6	Bitfinex	7.3	$ 415 433 594 ▲21.62%	640	702 718	399	177	USD,EUR,GBP and+1 more	
7	火币网	7.2	$ 1 593 519 534 ▼4.23%	541	964 449	1085	520	ALL,AUD,BRL and+47 more	
8	芝麻开门	7.1	$ 879 823 053 ▲8.48%	509	3 363 537	2397	1424	KRW,EUR	
9	双子星 Gemini	7.0	$ 107 500 665 ▲8.74%	659	426 379	123	100	USD,GBP,EUR and+4 more	
10	BNB	7.0	$ 250 633 293 ▲15.37%	590	565 896	106	106	USD	

图 2.7 主流同质化通证交易所

资料来源:https://coinmarketcap.com/zh/rankings/exchanges/

非同质化通证（NFT）的交易

当前已逐步形成NFT的交易市场，而交易量主要集中在头部项目和头部平台，NBATopShot、CryptoPunks等项目占据了绝大部分的NFT交易量，而OpenSea和Nifty Gateway在各自的市场领域处于绝对领先地位。这种情况在数字艺术作品NFT中更为明显，头部艺术品和艺术家占据了绝大部分的成交额，更多的作品NFT则是低价售卖且无人问津。

第五节
加密货币的产业生态

加密货币种类超过 1.6 万个

2022 年 1 月 1 日,据 Finbold 发布的一份报告显示,2021 年 1 月 1 日,全球加密货币种类数量为 8 153 个,截至 2021 年 12 月 31 日,数量为 16 223 个,相比 1 月增加约 98.98%。Finbold 数据显示,2021 年加密行业创造出 8 070 种新 Token,平均每天约有 21 种新加密货币在市场上推出。另一项数据显示,2021 年 1 月至 10 月期间加密市场总计新增约 5 000 种加密货币,而在 11 月至 12 月有超过 3 000 种加密货币进入市场(如图 2.8)。

加密货币用户规模持续扩大

据相关数据显示,截至 2021 年 6 月,全球加密货币用户数已达到 2.21 亿,其中从 1 亿用户增加到 2 亿用户仅花费了 4 个月的时间。2021 年 1 月和 2 月开始的用户数增长更多是由比特币推动,

第二章 数字金融生态:从账本到投资

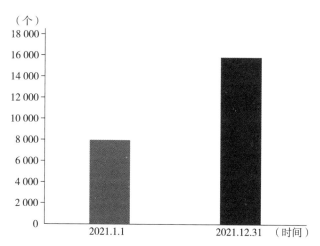

图2.8 2021年全球加密货币数量变化情况

资料来源:前瞻产业研究院。

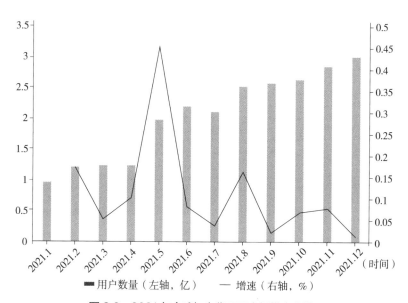

图2.9 2021年全球加密货币用户规模变化情况

资料来源:前瞻产业研究院。

但 5 月以来则是得益于山寨币的采用，使用户数从 4 月底的 1.43 亿增加到 6 月的 2.21 亿，激增近 8 000 万新用户，其中大部分新用户都是对 ShibaToken（SHIB）和 Dogecoin（DOGE）等代币感兴趣。进入 2021 下半年，用户规模增速有所放缓，截至 2021 年 12 月 29 日，全球共有 2.95 亿加密货币用户，相比 2021 年初增长了 178.30%。

根据最新数据报告，截至 2022 年，全球加密货币持有比例平均为 4.2%，全球拥有超过 3.2 亿加密货币用户。

数字货币交易规模迅速增长

中心化交易所 Binance 领先

根据 CoinGecko《2020 年度数字资产行业年度报告》，2020 年，全球前九大去中心交易平台和前九大中心化交易平台交易总额增长明显，由 2020 年初的 1 313 亿美元上升至 2020 年底的 5 347 亿美元。

前九大去中心化交易所分别是：Uniswap、Curve、SushiSwap、0x、Balancer、KyberNetwork、1Inch、dYdX、PancakeSwap。

前九大中心化交易所分别是：Binance、OKEx、Huobi、Coinbase、Kraken、Bitfinex、Bitstamp、Gate.io、Gemini。

中心化交易所 Binance 领先

为用户提供账户体系、实名认证、资产充值、资产托管、撮合交易、资产清算、资产兑换等业务的服务平台，我们称其为中心化

第二章 数字金融生态：从账本到投资

交易所。用户在买卖加密货币时，需要将加密货币或者发币充入交易所，交易所提供流动性，并进行撮合交易、结算等流程。

在九大中心化交易平台中，Binance 依旧保持领导地位，Huobi 和 OKEx 的成交量占比相较 2019 年有所下降。自 2020 年 1 月以来，中心化交易平台的成交量年内增长了 3 740 亿美元，截至 12 月已达 5 051 亿美元的历史最高纪录，其中，Binance 的贡献最大。12 月与 1 月相比，Binance 成交量增加了 1 890 亿美元，Huobi 成交量增加了 610 亿美元，Coinbase 增加了 400 亿美元。2020 年，Binance 增长趋势最明显，12 月以成交量占比 45% 的优势领先；OKEx 则下降了 50%，从成交量占比 28% 降低至 14%。

去中心化交易所 Uniswap 占据主导地位

去中心化交易所，不负责托管用户资产，用户对自己的资产有绝对的控制权。去中心化交易所负责提供流动性，撮合交易由智能合约来完成，交易的结算、清算在区块链上完成。

在去中心交易平台领域，Uniswap 依旧保持领先优势。

根据《2021 数字资产交易市场年度报告》，加密货币市场规模在 2021 年实现了历史性的突破，在 11 月份达到了最高点：接近 3 万亿美元，年终以 2.25 万亿美元收官，年度涨幅接近 200%。比特币和以太坊也在 2021 年多次突破历史新高，最高价分别接近 7 万和 5 000 美元。交易市场也不断突破，2021 年交易量达到了 112 万亿美元，其中约一半为永续合约交易（57 万亿），现货占了 43%（49 万亿），剩下的则是交割合约和期权合约。相较于 2020 年，2021 年总交易量增长了 3.37 倍，其中永续合约增长最多，接近 6 倍，现货增长 2.3 倍，交割合约增长 2.36 倍，期权市场也增长了接近 6 倍。

正如美国哲学家赫伯特·马尔库塞（Herbert Marcuse）在《单向度的人》（*One-Dimensional Man*）中所说，"在技术的媒介作用中，文化、政治和经济都并入了一种无所不在的制度，这一制度吞没或拒斥历史替代性选择，这一制度的生产效率和增长潜力、稳定的社会并把技术进步包容在统治的框架内。技术的合理性已经变成政治的合理性"。

融合了大数据、云计算、人工智能和区块链等技术形成的元宇宙，正逐步构建人类社会的新型形态。元宇宙的深度发展，将重塑金融产业的模式和生态，推动金融产业数字化转型，形成新型金融元宇宙的巨大发展机遇。

小　结

作为探究人类社会和文明的思想家之一，美国国家科学院院士、加州大学洛杉矶分校教授贾雷德·戴蒙德（Jared Diamond）教授在其著作《剧变》（*Upheaval: Turning Points for Nations in Crisis*）中写道："我认为以下 4 个问题有可能在全球范围内对人类文明造成破坏。我根据这些问题的可见程度而不是重要性进行了降序排列,它们依次是:核武器的爆发式增长、全球气候变化、全球资源枯竭以及全球各地居民生活水平的差异。也许有的人会加入其他的一些因素,譬如伊斯兰教激进主义,传染性疾病的出现,行星之间的碰撞,还有大量生物灭绝。"从他出书至今,新冠肺炎疫情和俄乌冲突已对全球经济产生了重大的冲击,对人类文明造成了巨大的破坏。

首先,新冠肺炎疫情对全球供应链的破坏给实体经济造成了巨大的冲击,极大地削减了实体经济企业的收益额,造成了企业的资金周转问题,营业额不佳的实体经济企业危在旦夕。为促使实体经济企业加速恢复和发展,各国政府施行扩张的财政政策和货币政策支持,稳定消费者情绪,引导消费者消费,从而在艰难经济形势下实现平稳过渡、长远发展。但是新冠肺炎疫情可能还将持续很长时间,这就需要构建人类命运共同体来共同应对后疫情时代的挑战。

其次,俄乌冲突对世界经济的影响巨大,已经可以观察到的是能源价格暴涨,粮食价格暴涨。联合国组织已经在警告会发生全球性的能源与粮食危机。然而,俄乌冲突引起的能源与粮食危机似乎刚刚开始,下一步发展是否会导致全球性的经济衰退与萧条尚未可知。但在逆全球化的潮流已经愈演愈烈的情况下,推动元宇宙的发展,维护一个开放、包容、互联互通的世界成为推动人类文明进步的新的使命。

元宇宙也许会实现数字世界与物理世界在经济层面的互通,从而形成一套高度数字化、智能化的完整闭环经济体系,实现数字经济与实体经济的融合。从这个角度说,元宇宙将实现更高层次的数字经济,也就是元宇宙经济。而金融元宇宙,作为元宇宙经济的核心基础只有服务国家战略、服务实体经济、服务人民美好生活,支持产业界真正利用元宇宙技术打造新的应用场景、新的生产方式和服务模式,提升全要素生产率,促进数字技术与实体经济融合、数字经济与实体经济融合,基于此建立起来的元宇宙经济系统才有价值。

金融是制度,金融元宇宙必须有一整套的制度安排。元宇宙将对未来的人类和社会产生巨大的影响,必须要制定相关的规则与道德规范。元宇宙是与现实世界平行的世界,是数字世界与现实世界的结合体,它既要超越又要复刻现实世界,需要建立起类似于现实世界的元宇宙社会运行逻辑、元宇宙规则。

金融元宇宙的规则是什么?谁来制定金融元宇宙的规则?金融元宇宙的规则如何与现实世界的规则对接?笔者认为,必须符合现实社会的共同价值观,必须依靠现实世界的政府、行业协会的大力支持和共同推动,通过建立数字身份、支付系统、应用兼容性、内容互操作性、用户隐私保护、交易监管、沉迷控制等跨行业标准,实现通过数字世界对物理世界进行孪生映射,实现物理世界和数字世界的交互融合,利用物联网、VR/AR、大数据分析、人工智能、区块链等新一代信息技术集群,在数字世界对物理世界进行客户仿真分析和金融风险预测,以最优的结果驱动金融更好地服务经济社会发展。最可行和有效的是,应该大力扶持一些非营利组织,比如行业协会,通过全球化的协同来研究和制定这些制度。

现实世界纷繁复杂、参差多态,我们应该对金融元宇宙有更加理性的认识。总的来说，元宇宙是互联网的 3.0 时代，在新技术的加持下将催化新产业、新模式、新金融。金融投资、投机和炒作元宇宙，既是催生元宇宙的重要力量，也会因过度投机而造成新一轮泡沫，甚至会带来金融诈骗等风险。正如尤瓦尔·赫拉利（Yuval Harari）在《人类简史》（*Sapiens: the brief history of mankind*）后记所言：拥有神的能力，但是不负责任、贪得无厌，甚至连想要什么都不知道。天下危险，恐怕莫过如此。

03 第三章
Chapter 3

金融元宇宙的要素

从线下到线上，从现实世界到虚拟世界，只要有交易，就会产生金融生态。作为商品货币关系发展的产物，金融因为商品货币关系的存在而存在，并随着商品货币关系的发展而发展。

在奴隶社会，社会生产力得到了一定的发展，生产资料和劳动产品出现了剩余，商品交换得到了一定程度的发展。春秋时期出现了"券契值"理论，该理论被视为"高利贷"的雏形，此阶段还出现了农业贷款。随着实物形式高利贷的产生，货币的支付手段也相应地得到了发展。接下来，生产关系不断深入发展，形成了借贷关系。随着商品经济和商业信用的进一步发展，货币保管、兑换、汇兑业务等相继出现，金融机构逐渐产生并迅速发展。与此同时，不同国家之间商品交换蓬勃发展，此时需要出口国和进口国的生产者和消费者将本国货币兑换为金银或后来的世界通用货币美元来维持国际贸易，由此产生了国际汇兑业务。在商品交换过程中，交换规模和交换地域也在逐渐扩大，又促使其他金融业务的发展，金融体系逐步走向成熟。目前，传统金融的发展步入平台期，难以突破瓶颈，此时元宇宙概念的爆发，为金融的发展带来了新的机遇。

去中心化金融（DeFi）被视为传统金融突破瓶颈的一个方向。区别于传统金融，DeFi概念自2018年以来，在加密货币社区的发展势头越来越好。在未来，DeFi将由我们称之为"MetaFi"的方式来释放价值。MetaFi，即元宇宙的去中心化金融工具。花旗银行在 2022 年 3 月的报告《元宇宙与货币：解密未来》中指出："金融元宇宙（MetaFi）很可能是去中心化金融（DeFi）、中心化金融（CeFi）和传统金融（TradFi）的结合，新产品专为满足新生态系统的独特需求而设计。"它为元宇宙提供了一种独立性，让每一个用户的数字资产都真正掌控在自己手中，不受其他人甚至任何机构的限制。

传统金融与金融元宇宙的关系不是对立的，而是相互促进的。传统金融是金融元宇宙的基础，金融元宇宙是传统金融的一种传承，金融元宇宙在传统金融的基础上，向外寻求发展空间。元宇宙虚实相生，当金融和元宇宙相结合，传统金融也将突破时间和空间的场景束缚。在客户获得科技感、沉浸感、补偿感等体验感的同时，金融也将在传统赛道及业务上迎来新的机遇。目前金融元宇宙处在高速发展阶段，这与元宇宙的本质和它特殊的组织形态 DAO 是分不开的，可以说 DAO 的模式加速了金融元宇宙的发展，目前已出现 Web3.0 中的借贷和抵押融资等模式。对此，我们需要从包容的角度来对金融的定义与发展进行思考。元宇宙的深度发展将重塑金融产业的模式和生态，并且人依然是其中最重要的研究和服务主体。此外，数字空间与物理空间的深度融合将加快金融行业数字化转型，形成新的金融产业机遇。作为新生态系统中的新概念，金融元宇宙具有巨大的发展潜力，将引导全世界的金融发展创新方向。

我们知道，传统金融的生态基于金融工具、金融机构和金融市场而形成，相似地，金融元宇宙的生态是建立在数字货币和数字资产以及与实体经济的跨线交易上，使非同质化通证和同质化通证（及其衍生品）产生复杂的金融互动的协议、产品和/或服务。当然，任何一个经济生态都需要适应自己的组织模式和激励方式。在现实世界中，政府是依靠机构和权力，公司是依靠管理和薪酬，相应地，在元宇宙中，则需要 DAO 和 Token。其中，建立在区块链和智能合约基础上的 DAO 是分布自治的成长机制，激励参与者完成交易的驱动机制是 Token。

第一节
组织结构：DAO

DAO 的起源与发展

关于 DAO 概念什么时候被最早提出众说纷纭，我们暂且认定其第一次比较清晰的概念形成在 2006 年，科幻作家丹尼尔·苏亚雷斯（Daniel Suarez）出版了一本名叫 *Daemon* 的书，这也被业界看成是关于 DAO 的原始文本。2013 年，分布式资本（Invictus Innovations）的 CEO 丹尼尔·拉瑞莫（Daniel Larimer）首次提出"DAC"（Decentralized Autonomous Corporation）这一概念，认为"DAC 是为社会提供有用商品和服务的分散系统的有效隐喻，将在新闻聚合、AdWords（广告词）、域名、专利、版权和下一代知识产权、保险、法院、托管和仲裁、授权匿名投票、预测市场及下一代搜索引擎等多方面发挥高效作用。"DAC 的核心在于"有自己的区块链来交换 DAC 的股份（Token），必须不依赖于任何个体、公司或组织来拥有价值、不能拥有私钥、不能依赖任何法律合约"。2014 年，维塔利克·布特林（Vitalik Buterin，俗称"V 神"）在《DAO，DAC，DA 等，一份不完全术语指南》（*DAOs, DACs,*

DAs, *and More*:*An Incomplete Terminology Guide*)一文中介绍了DAO的治理潜力,并且将DAO与DAC区分,认为DAC只是DAO其中的一个子类,他强调DAO应当是非营利实体,而DAC由于引入了股份的概念更接近营利性实体;在2015年,以太坊链上出现了名为"DAO"的智能合约,在这一阶段,DAO的概念融合了互联网的网络集群和代码实现的自我维持系统,为2016年具有里程碑意义的The DAO(尽管后来因为安全性问题没落)的出现奠定了理论基础。从图3.1中我们可以清晰地看到DAO与传统治理方式的不同:传统治理方式严格按照等级划分,而DAO组织内成员分散分布。

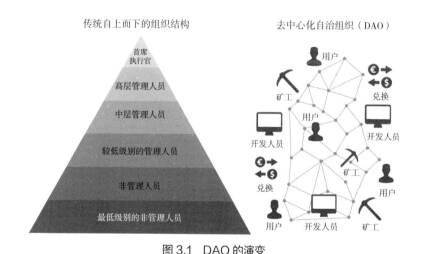

图3.1 DAO的演变

来源:https://medium.com/@AQOOM/evolution-of-the-decentralised-autonomous-organisation-dao-2302fde130ee

那么DAO作为维塔利克·布特林口中的非营利实体,还与传统公司制结构有哪些不同?我们将不同之处展示在表3.1中,帮助您更好地理解 DAO 在组织演进中的结构性意义。

表 3.1 DAO 与公司制比较

类别	DAO	公司制
组织结构	Heterarchy（异质统理）	Hierarchy（科层制）
基础设施	区块链	部门官僚委员会
权威基础	去中心化共识	现代法理权威
利益保障	代码合约	法律合同
权益分配	通证治理机制——治理者、贡献者也是权益所有者	"委托代理"机制——所有权与管理权的分离
决策主体	社区集体	公司高管层
执行方式	程序化自动执行	由部门员工执行
进出门槛	自由开放人才流动性强	进出成本高相对封闭
可扩展性	扩展性强新增成员的边际成本低	扩展性弱
信息门槛	公开透明算法开源	组织内部信息获取门槛高

来源：吴志峰《DAO 从何来：互联网潮落与区块链兴起》。

DAO 作为新兴概念，常被称为"未来的公司"，从表 3.1 中我们也可以看出，第一，公司制难逃官僚制的禁锢，设立部门、委员会等，依靠现代法理权威治理公司。近年来，这种权力传递路径自上而下的组织结构似乎制造了一个人人想挣破的牢笼，层级繁杂和效率低下常常为人所诟病。而 DAO 的治理、运营和官僚制与公司制的传统组织层级完全不同：第一，共识合约化与可靠的执行力让内部管理不再需要繁杂的层级，一切被记载在区块链上无法篡改，其权威来源于社区成员共同认可的代码治理方案；第二，传统公司制在治理和权益分配上采用"委托代理"机制，即所有权与管理权的分离。此时经营者和所有者的主要冲突在于，所有者追求财富最大化，而经营者希望获得更多的报酬和闲暇时间，避免风险等，由此可能导致经营者在经营的过程中为了自身目标和利益做出与所有者利益相背离的事项。而在 DAO 中，DAO 成员不仅是社区治理者和贡献者，也是权益所有者，这在很大程度上避免了所有者与经营者的冲突。几乎每个 DAO 都有自己的 Discord 社群及电报（Telegram），成员在此类应用中表达自己的诉求、对社区治理的想法，并进行讨论，再通过 snapshot 等链下治理平台进行民主投票，由社区集体决策，例如 JuiceboxDAO 等。相对于传统公司和组织强制私有、结构化的管理风格，算法治理系统不仅越来越自动化，而且更加开放民主。第三，DAO 的劳动经济形式也发生了变化，和传统公司制不同的是内部分工和个人价值创造获得了前所未有的灵活性和自主性，提高了"员工"和"领导"们的执行力以及效率，并且进出门槛较低，可扩展性强。DAO 组织成员是各种身份的综合体，成员们因达成"共识"而更加积极和热情地为组织提供资源和创造价值，从而使成员们的工作效率和整个项目的质量变得越来越高。

DAO 的多种多样

DAO 的类型多种多样，潜力无限。2016 年 6 月至 2019 年 6 月被视为 DAO 的发展初期，此阶段 DAO 的发展可以归纳为两个方向：一个是做治理中间层（例如 AragonDAO、DAOstack），另一个方向是应用层治理，应用层治理又可分为"融资型"（例如

MolochDAO）与"协议型"（例如 MakerDAO）。2019 年至今，又逐渐涌现具备其他功能的 DAO，其中包括了基础设施类、协议类、资助类、投资类、服务类、收藏类、社交类以及媒体类等类型的 DAO，在多元化目的实现、多场景应用和生态内不断探索其效用和价值。随着各种类型的 DAO 百花齐放，众多投机者焦头烂额地寻找方向，但几乎没人能精准预测到下一个大热的 DAO 类型是什么。需要注意的是，从不同角度出发 DAO 类型的划分也是不同的，我们从 DAO 的主要应用场景的角度出发，对 DAO 进行了如下分类（见表 3.2）。

表3.2 从 DAO 的应用场景的角度为 DAO 分类

DAO 类型	名称	特质
项目治理类	CurveDAO（DeFi 领域）	依托于一个独立产品而建立的治理社区
金库管理类	JuiceboxDAO（核心功能是筹款工具）	Juicebox，设置了灵活的融资、资金分配和退出机制，它让发布 DAO 变得简单
资源调度类	PleasrDAO ConstitutionDAO	筹集资源来完成共同目的。PleasrDAO 专注 NFT 收藏，出资费用和数字资产所有权由 PleasrDAO 成员共摊共享；ConstitutionDAO 众筹竞拍美国宪法 13 份副本之一
文化兴趣类	FWBDAO	用户围绕相近的文化兴趣而聚集社交，但没有单一固定目的
投资类	FlamingoDAO	主要通过研究链上新兴投资机会扩大 DAO 资金
服务类	YGGDAO	主要通过直接或间接出租或出售 YGG 拥有的 NFT 资产赚取利润，公会成员能利用公会资产直接为 YGG 赚取游戏内奖励

不同类别的 DAO 之间不是完全互斥的关系，以上分类只是根据 DAO 的主要应用场景分类，如果一个 DAO 的使命及共识覆盖了两种分类类型，也不是没有可能的。

MetaFi 与 DAO 的关系

笔者认为，MetaFi 将引领 DAO 的发展。元宇宙中，区块链技术保障了"Code is Law"，DAO 的组织规则由程序监督运行，使得 DAO 相较于传统模式而言可以在更低信任的模式下形成组织，天然地成为在元宇宙中协作的组织形式。

在过去几年中，DAO 在加密领域取得了很大进展，而根本原因在于 DeFi 的爆发。DeFi 协议通过智能合约消除用户之间的中介，而 DAO 可以处理大量 DeFi 协议，释放了基于区块链的基础设施的潜力。而未来在元宇宙中，这一趋势将由 MetaFi 引领。正是因为在元宇宙中的虚拟社会也会随着货币与商品的关系发展而出现元宇宙中的金融系统，才使 MetaFi 和元宇宙可以完美契合并帮助维持虚拟世界的正常和有序运转。MetaFi 是元宇宙中经济通证的资产管理和流动、价值开发、金融衍生等支撑点。

DAO 要顺利运营需要满足哪些条件

成功的 DAO 都是相似的，失败的 DAO 却各有各的不幸。无论触犯了哪个要点，哀其不幸、怒其不争都是没有用的，失去共识的 DAO 很难东山再起。虽说 DAO 很难标准化，但总结起来，一个理想状态的 DAO 至少要具备以下五点特征：

（1）去中心化且为分布式自治组织。DAO中分布的各个节点遵从平等、利益共赢等原则有效协作，产生强大的协同效应。要想让DAO顺利运营，一定要设定一套能够自动执行运行的规则，并且不能人为干预。设定好规则后，DAO就进入众筹阶段。

（2）开源且根据智能合约自主运行。在众筹完成后，DAO开始投入使用并实现开源，这意味着DAO对任何人都是公开透明的，在DAO组织里发生的任何事情都会被记录下来，不可篡改。

（3）组织化与有序性。在运营阶段，成员通过达成共识来决定DAO组织的资金如何使用以及未来如何发展，通过高效自治，参与者的权益与他们付出的劳动以及做出的贡献相挂钩，以促进利益的"均等"分配。DAO成员每发起一个提议后其他组织成员都会对提议进行投票。只有达到事先规定的比例的投票支持，提议才能落地执行。

（4）通证化。通证（Token）作为DAO治理过程中重要的激励手段，将DAO中的各个元素通证化可以更好地帮助组织内价值流转。

（5）逻辑自洽。这也是非常容易被投机者忽略的一点。宪法DAO（ConstitutionDAO）及其代币People大热之后，众多投机者被风靡整个圈子的阿桑奇DAO（AssangeDAO）吸引并投资，但却忽略了解救阿桑奇是一个几乎无法完成的任务：其一是涉及政治问题，美国政府等方面几乎不可能释放他；其二是虽然有人宣扬阿桑奇是解密英雄，但结合具体来看，更像是某些人借其名义筹资的手段。

DAO 的治理

传统公司的治理是复杂且难以确定的，DAO 也不例外。在治理过程中，DAO 组织成员做出决定时应牢记 DAO 的使命、愿景和目标。除此之外，DAO 的经济模型和 Token 激励模式可以帮助其离"自治"更进一步。在过去的几年里，我们已经看到了 DAO 在基于 Token 的治理模型方面的重大创新。Token 的治理功能类似于股票，只不过不同的是它在开放软件系统上运行，从而为其持有者提供土壤和养分以促进其持有 Token 长期价值的增长。DAO 赋予 Token 通过决策过程分配生态系统资源的权力，意义在于让用户可以成为协议的"所有者"。

DAO 的优势

DAO 的最大优势在于其打破创业壁垒，降低创业门槛。首先，加入 DAO 没有物理限制，不像进入传统公司那样需要经过层层面试，且有学历和工作经验的门槛，尤其在一些竞争激烈的行业；其次，传统创业投入资金必不可少，且常常面临资金不足的问题，相对传统公司而言，DAO 的募资相对来说容易得多，DAO 的发起方可以在自己的官网或者业内专业的融资网站上发布募资公告并公布官方收款地址，任何对项目感兴趣的人都可以捐赠融资方接受的代币种类并得到相应的项目代币。

DAO 的优势之二是透明度高，数据开源。DAO 的数据是保存在区块链上的，链上数据公开透明、可溯源，组织的支出、为工作人员发放的工资和各种花费均可查，从而不必像传统公司制公司那样担心自私自利的 CEO 或不诚实的 CFO。

DAO 的优势之三是更容易实现全球化。加入 DAO 组织的门槛比较低，不会受到地理位置等方面的限制，也不必到线下集中办公，只要达成共识，成员分工明确，"各显神通"即可。因此，与传统的公司制相比，DAO 更容易做到全球化。

DAO 的优势之四是成员均可参与投票。DAO 允许组织内任何持有 Token 的成员通过投票来共同决定某一决策，并且投票结果会以一定的透明度计算和显示出来。

DAO 的优势之五是智能合约事先约定规则且不可篡改。DAO 通过智能合约来执行其规则和决策，智能合约发布后，制定新的决策或者更改已生效决策的规则，都需要在组织内部达成共识后才能生效执行，以确保治理的公平性和透明度。

DAO 的优势之六是参与者也可以实现赢利。一般来讲，市场一般包含四个主体，投资方、生产者、运营者、参与者。传统的经济模式只有投资方、生产者和运营者可以赚钱获得收入，参与者只是花钱不赚钱。而在 DAO 的生态系统中，每个人都可以是投资方，也可以是参与者或其他角色，角色之间可以根据个人的适用性进行转换，参与者也可以赢利。

DAO 存在的问题及未来展望

至 2020 年，Layer2 解决方案的日益成熟间接完善了 DAO 的基础设施，并且 DAO 的治理模式也在不断创新，新冠肺炎疫情助推了全球范围内分布式协作的趋势，Web 3.0 理念与加密叙事也进一步扩张，在众多因素的合力作用下，DAO 迎来一轮加速的热潮，加密市场对 DAO 重新燃起了热情。A16z 在 2022 年发布的加密报告显示，DAO 筹集并管理金库资产已经超过 100 亿美元（见图 3.2），预计这个数字未来还会上升。

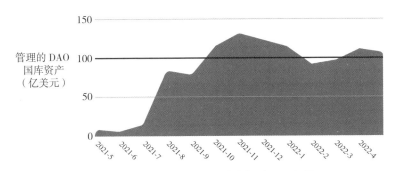

图 3.2　DAO 筹集并管理金库资产超过 100 亿美元

来源：A16z 2022 加密报告。

但不可否认的是，尽管 DAO 发展势头迅猛，作为一个新兴概念，它本身还存在一些结构性问题，导致其落地实践存在一些隐患。

其一，DAO 的安全问题一直被一些人所诟病。其中一个著名的安全问题事件是发生在北京时间 2016 年 6 月 17 日的 The DAO 事件，此次事件在区块链历史上留下沉重的一笔。由于编写的智能合约存在着重大缺陷，区块链业界彼时最大的众筹项目 The DAO（被攻击前资产 1 亿美元左右）遭到攻击，黑客利用 The DAO 代码里的漏洞，共盗走了 360 万枚以太坊，超过了当时该项目筹集的以太坊总数目的三分之一。在 The DAO 事件后，其他 DAO 的安全问题也层出不穷，加密市场对 DAO 持观望情绪，DAO 的发展进入沉寂阶段。

其二，DAO存在另一个无法忽略的问题——是否做到了真正意义上的去中心化。尽管DAO的构成在某种程度上利于去中心化的发展，但在真正落实具体工作时，尤其是在项目前期，组织中创始人以及核心贡献者的话语权比较大。小"股东"立场不坚定或无法做到坚定，容易被大"股东"左右立场，这无疑是与去中心化概念相背离的。我们无法预知未来发展成熟的DAO是否可以做到真正意义上的去中心化，但至少在目前的阶段，这个问题不容忽视。

尽管有关DAO的理论构想看似已臻于完美，其存在的问题还是被写在加密历史上。不过，历史的路径一定有其存在的意义。各界人士从The DAO危机中吸取了教训，此事件后，各个DAO组织在代码安全上显然投入了更多精力，更致力于保护投资者的财产；DAO组织中的创始人和各位参与者也在倾尽全力尽量靠近真正的去中心化概念。

区块链网络的应用已然从比特币扩展到社会的各个领域。DAO也注定会在现实社会和虚拟社会中引发更广泛的结构性变革，以基于区块链的去中心化自治理念重构原来的业态。总而言之，DAO加速了元宇宙的落地，预计未来将有越来越丰富的元宇宙网络形态出现，普通个体也将更方便地参与其中。

第二节
激励机制：Token

任何一个经济生态都需要适合自己的组织模式和激励方式，DAO 也不例外，激励 DAO 中参与者完成交易的激励方式就是 Token。Token（通证）可能是区块链最好的激励机制，它重塑了经济系统的激励体系，使得激励能够从经济学角度量化，且使激励的流通成为可能。

Token 的分类

Token 是通过加密技术、共识规则、智能合约等建立起来的具有货币属性、以数字形式存在的权益凭证。在康多瓦（Kondova G）和巴尔巴（Barba R.）的《去中心化自治组织的治理》(*Governance of decentralized autonomous organizations*)中，Token 被认为是"一个组织被认定为 DAO"的必要条件。最开始，区块链的 Token 被翻译成"代币"，后来，更多人认为 Token 翻译成"通证"更精准。人类历史中曾出现多种通证，古代有银票、白银、黄金等。而当今社会上的通证就更多了,例如股票、债券、各国货币,以及游戏中的积分和金币等。在现代社会经济视角下,通证不仅仅是"代币"的另一种翻译,也蕴含更加丰富的内涵和价值。

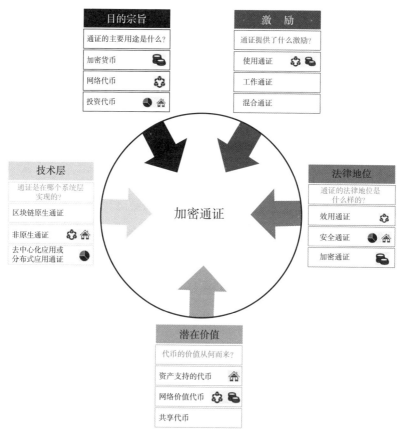

图 3.3 从五个维度定义通证

来源:http://www.untitled-inc.com/the-Token-classification-framework-a-multi-dimensional-tool-for-understanding-and-classifying-crypto-Tokens/

我们可以从不同维度去了解通证,图 3.3 的框架中反映了五个主要维度:通证的用途、效用、法律地位、潜在价值和实现它的技术层。其实从不同的角度，对通证的分类也会不同，通证在国际上目前也没有被普遍认可的分类。在此，我们根据瑞士金融市场监督管理局（FINMA）确定的通证潜在的不同经济功能进行分类：

1. 支付类通证（payment Token）：一般指现在或将来为了获得物品或服务，被用来作为金钱或价值转移的支付手段。

2. 应用类通证（utility Token）：以数字化的形式，用于以区块链技术为基础架构开发的应用或服务。

3. 资产类通证（asset Token）：资产类通证就其经济功能而言近似于股票、债券或衍生品。瑞士金融市场监督管理局认为若实物资产可以在区块链上交易，则也属于这一类别。

不同类别的通证之间不是相互排斥的关系，资产类通证和应用类通证也可能会同时是支付类通证，这种通证被称为混合型通证。在此情况下，合规的要求也是叠加的。

Token 的价值从何而来

Token 的价值体现于可以通过 Token 奖励机制来实现系统共识。

我们要用发展的眼光去看待 Token，而不是用理解股票、证券、金融产品、融资工具的眼光片面地理解 Token，因为它不只具有货币属性和价值属性。Token 对于 DAO 的治理有多元而丰富的使用案例，是对货币化、证券化的向上化的发展和超越，而不仅仅是同义词替换。

总的来说，Token 是 DAO 的价值捕获媒介，它为 DAO 呈现了"贡献 – 代币"关系，从而改变了传统的薪酬制度，在去中心化系统中帮助社区建立一个治理机制。在此治理机制下，DAO 的运营治理和组织行为可以尽量避免某个关键人员离开带来的结构性影响，也不会抑制现有基础上新进入的人才的创新，因为 Token 的激励精确到行为本身而不是某个人本身。

Token 的作用

降低获客成本

Token 最重要的作用之一就是降低获客成本。随着 Web 2.0 竞争越来越激烈，传统行业资源几乎被互联网巨头垄断，各个企业获客成本水涨船高，能否降低获客成本某种程度上关系着一家企业的生死存亡。在过去，企业通过积分和返现等方式向用户提供奖品或现金，以达到获得客户和增加客户黏度的目的。在 Web3.0 中，Token 通过其交易属性和市场流动性，不仅体现了当前价格，还包含了升值预期，这个属性使得 Token 天然自发地可以吸引更多的参与者，充分调动其积极性并参与到组织活动中。这不仅降低了组织的获客成本，也增加了 DAO 的可扩展性，间接达到更好的激励效果。

我们都知道，Token 是由项目方发行，那么如何将 Token 分发到参与者手中？主要有以下两种方式：

1. 做任务后领取空投，项目方发放 Token 给完成任务的人作为奖励。国外多用 Twitter、Discord 和 Telegram 等应用，大部分任务的项目组都会要求做一些转发、关注、拉人头之类的任务，然后复制钱包地址，粘贴填写并提交即可；还可以把项目、团队、需要达成的目标内容发布在 Twitter 上，再设计一个转发 Twitter 领空投的任务。通常，项目方发布空投的目的是增加 Token 持有地址和社区活跃人群的数量。多观察一下你就会发现，虽然项目方吸引潜在投资者并发布的进入门槛和任务清单五花八门，但核心逻辑基本就是以上这些。

2. 社会化传播。目前大部分区块链应用都采取先发行 Token，再"讲故事""谈情怀"的概念先行，最后做产品落地的方式。社区内成员的通力合作常常引起社区外的 FOMO（Fear of Missing Out，错失恐惧）情绪，所以需要让更多的投资者和潜在用户能够提前接触到产品和团队，并让他们对 DAO 的使命和要做的事情充满信心和共识。在社会化传播方面，MoonDAO 做得尤为出色。

参与治理的通证

大部分社区默认只有持有其项目 Token 才可参与经营，哪怕这个 Token 的数量为 0.1。简而言之，持有一定数量的 Token，你才可以跨过 discord 社区的门槛，参与社区讨论和治理，并在项目方案投票时投出自己宝贵的一票。对此，我们可以参照理解为 Web2.0 中公司的股东持有股票参加股东大会，股东会投票表决，只不过在 DAO 组织中，小散户也有一定程度的话语权，合适的意见也更容易被组织接纳。

生态激励

激励核心贡献者是 Token 最核心的价值和作用。核心贡献者包括：社区的管理者和运营者、建设者、平台开发者等。用 Token 来激励这些最核心的贡献者，有利于提高他们工作的主观能动性。但需要注意的是不要过度激励，因为侵害到普通参与者们的权益很容易让社区失去最重要的共识，毕竟无论大家出于什么目的参与项目，他们都有一个共识——赚钱。

价值发现

Token 是在不同用户之间流动的，这间接帮助 Token 实现价值发现的功能。对于 DAO 中的 Token 持有者来说，他们获取 Token 的最常见方式是从交易所购买，当然参与活动也能获取少量的 Token。这条路径可以让 Token 从交易所流向平台，然后在持有者之间流动。除此之外，用户也可以通过空投得到一定数量的 Token，这部分的 Token 可能还会再次流回交易所。在经过 Token 从交易所流出和从交易所再次流入平台的多次流转后，币值会趋于稳定。即使价格是波动的，也并不会减少大家对潜力币种的期待，因为 Token 价值往往反映了 DAO 组织的共识程度，并且 Token 有升值预期。举个例子，像比特币和以太坊这种主流币，某一天跌了 50% 可能会引起市场情绪不佳，但并没有减少大家对它的期待。如此循环往复，市场及参与者会对 Token 建立预期价值，进而间接促进 Token 的价值发现，使得 Token 渐渐向购买者预期价值靠近。

第三章　金融元宇宙的要素

帮助金融资产及实物资产代币化

金融世界和 Web 2.0 正在经历一场革命，引发全球变革背后的技术是使用区块链解决方案将资产代币化，这也是 Token 的另外一个作用，即借助区块链和智能合约的基础和东风，将金融资产及实质资产证券化，转换成可以交易的代币。据新闻报道，投资银行高盛正在逐步深入"实物资产的代币化"领域。此外，新加坡联合早报在 2022 年 6 月 1 日发表的《金管局探讨资产代币化经济价值》一文中记录了新加坡副总理兼经济政策统筹部长王瑞杰的讲话。王瑞杰在讲话中指出："要以开放的心态对待 Web 3.0 并了解潜在变革的基础科技，其中一个值得进一步思索的科技就是代币化。"所谓代币化就是一个发行过程，这个过程使得有形资产和无形资产以基于区块链的数字系统发行的代币形式流通，它允许确定资产所有者，并能够证明与该资产相关的权利从一个人转移到另一个人的事实。

几乎任何资产都可以代币化。我们先以熟悉的股票对比举例，以传统方式发行和流通股票需要大量的时间和精力，甚至是财力。而代币化基于区块链平台，可以更快且花费更少的费用完成，代币化的资产进入二级市场，可以立即买卖。这为发展金融市场、降低成本和简化投资流程提供了契机。投资可以变得更便捷和更安全，从而吸引新的参与者参与投资过程。对实物来说，目前的条件完全允许创建一个由代币化债券和存款组成的许可流动资金池，通过公共区块链和智能合约来进行担保借贷。以上所述只是代币化应用案例中的一小部分，目前区块链技术已经得到广泛应用，代币应用已经达到了一个新的水平，允许在安全的数字环境中将金融资产甚至其他实物资产代币化。尽管此项技术具备帮助当下金融产业突破瓶颈期的潜力，但需要注意这是一个高风险领域，并且不同国家和地区对待此项问题的监管政策不同，所以实践落地的扎根程度和生长速度自然不同。在此笔者仅做知识普及，请做好风险评估。

关于 Token 五个值得思考的问题

一、Token 一定要运行在区块链上吗

对区块链产品来说，完全上链的确是更加公平、公正、公开的，因此长期看来，运行在区块链上的 Token 才更有价值。目前国外几乎所有的 Token 都是运行在区块链上的；国内，一些项目或产品尚未发放代币，已发放代币的项目和产品也不一定合规，所以大家看到此类信息需谨慎分析，不要盲目。

二、Token 激励和币值波动之间的矛盾

参与者获得的 Token 激励，往往出现币值不稳定的问题。目前有实际案例表明，有些 DAO 在以太坊币值高涨（挂钩美元）的情况下，选择为核心贡献者分发以太坊，而在以太坊币值低迷时则对标和币值高涨时同等价值的美元来分发相应数量的以太坊或其他代币进行激励。在笔者看来，这种情况是不可取的，国库中以太坊等募集到的主流币是有限的，这种分发方式无疑会遭到散户小股东的不满，从而削弱社区共识。

三、是否增发

某种程度上，Token 数量的多少和是否恒定影响其价格。某种 Token 的不断增发不仅会影响人们对代币价格的预期，也会为其价格设定一个无形的天花板。是否增发需要每个 DAO 或平台结合自己的实际发展情况决定，不合适的增发或缩减可能会引起该 Token 的通胀或通缩。因此，社区内是否增发 Token 的决定就显得尤为重要，合适的决策可以帮助构建 DAO 内更健康的经济环境。

需要注意的是，我们不仅要关注某个 DAO 是否增发其 Token，也要了解其背后的逻辑，避免因为项目表面宣称增发而觉得其 Token 价值有限错过有价值的项目。例如，Juicebox 平台 TokenJbx，不懂其中逻辑的人往往咬住 Jbx "无限增发" 的把柄不放宣称其无价值，但其底层逻辑为 "无限增发但不贬值"，JuiceboxDAO 强制平台上的项目方贡献 2.5% 的取款费用，用这些费用以远高于市场价购买增发的 Token，以此 "宏观调控" 增加整体的 Token 可赎回金额并实现早期投资者的 Token 升值。

四、Token 的销毁

Token 销毁是指将现有的加密货币从流通中永久移除。众所周知，加密货币的定义特征是自由——这不仅意味着拥有数字资产是自由的，还意味着销毁它们也是自由的。虽然销毁金融资产像图 3.4 中 "烧钱" 一样可能听起来很极端，但销毁 Token 在 Web3.0 中是相当普遍的事件。

图 3.4 销毁 Token 是 "烧钱" 吗？

项目和个人销毁 Token 的原因有很多，但核心目标始终相同——通过供应影响价值，主要分为以下两种情况：

（1）减少流通量，从而提高 Token 价值。供求关系影响价格，其他条件不变的情况下，供给减少，价格会上升。通过供应影响价值并不是一个新概念，尤其是在金融方面。对于上市公司来说，公司回购是司空见惯的，公司从二级市场上回购一些自己的股票和股份，以增加剩余股票的价值。我们可以将 Token 销毁视为回购的加密版本，例如币安会定期销毁一部分 BNB（币安平台发行的 Token），以减少市场上的流通量，从而给 BNB 增加价值；2021 年，为了确保以太坊代币可以成为一种有效的价值储存手段，以太坊从网络流通中回购并燃烧了 130 万个 ETH，减少其供应量来增加价值。

（2）稳定 Token 价值，这方面主要是针对稳定币来讲的。稳定币是加密货币和 DeFi 生态系统的重要组成部分，其稳定性源于中央储备，但中央储备很容易受到监管政策、管理不善的影响，算法稳定币正是通过控制供应来创造价值稳定的 Token 来克服这个问题的。Olympus DAO 就是一个很好的例子。它的原生货币 OHM 由一种调整循环 OHM 供应以控制 Token 价值的算法管理。如果 OHM 的价格跌至某个点（1 DAI 的价值）以下，算法将自动销毁其部分供应以维持与 DAI 的价格均等。相反，如果价格超过这个水平，将铸造新的 Token 并添加到供应中以稳定 Token 价值。

五、管理和安全问题

Token 大部分运行在区块链上，既然区块链存在安全问题，Token 也不能例外。在 Web 2.0 时代，网络安全问题就为人们所诟病，而 Web 3.0 尚处在发展初期，存在管理和安全问题在所难免。但互联网非法外之地，目前，国外诸如纽约、伦敦以及国内一些地区均有事件表明法院已接受虚拟资产权属纠纷等相关案例，相信未来会有更完善的法律监管 DAO 和 Token 的管理和安全问题。

第三节
基因：NFT

什么是NFT

NFT具有不可分割、不可替代、独一无二等特点，可以理解为虚拟资产或实物资产的数字所有权证书。既然名为非同质化通证，顾名思义，它也是Token的一种。

我们常说的通证对应的是在区块链上拥有自己的主链的原生币，如大家熟悉的比特币、以太币等，原生币和代币统称为数字加密货币。那么，原生币和代币有什么不同呢？原生币使用链上的交易来维护账本数据；代币则是依附于现有的区块链，使用智能合约来进行账本的记录，如依附在以太坊上发布的Token。

通证之中既然有非同质化通证，相应地，也有同质化通证，即FT（Fungible Token），互相可以替代、可接近无限拆分的Token。例如，你手里有一个比特币与我手里的一个比特币，本质上没有任何区别，这就是同质化，就是同质化通证；而非同质化通证，即NFT，是唯一的、不可拆分的Token，例如带有编号的人民币。因此，相较于 FT，NFT 的关键创新之处在于提供了一种确权的方法。同时，NFT 由于其非同质化、不可拆分的特性，使得它可以和现实世界中的一些商品绑定。换言之，NFT 可以是发行在区块链上的游戏道具、数字艺术品、演唱会门票等数字资产，并且具有唯一性。NFT 是元宇宙产业的一部分，并和 DAO 紧密相关。它是经济进一步数字化的阶梯，并见证从 Web2.0 到 Web3.0 的演变。NFT 很难独立于元宇宙产业、Web 3.0 土壤而存在，作为新技术产业中的重要一环，需要与时俱进不断创新，而不仅仅被肤浅地视为一类商品、投资品。

NFT 是怎么诞生的

图 3.5　部分 CryptoPunks 项目

NFT 的诞生基于 2017 年以太坊中一个叫作加密朋克（CryptoPunks）的像素头像项目（后文会有详细介绍）。在其诞生 6 个月后，区块链小游戏迷恋猫（Cryptokitties）迅速流行，这是一种在以太坊撸猫的游戏。买家拥有两个及以上迷恋猫，就可以培育出新猫，如果培育出稀有特征的，价格则会更贵。迷恋猫爆火后，人们甚至在以太坊区块链上开起了动物园，带火了其他虚拟动植物项目。

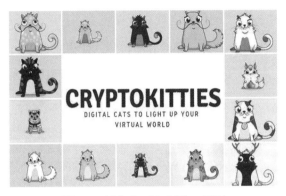

图 3.6　部分 CryPtokitties 展示

NFT 是怎么出圈的

说到 NFT 的出圈不能免俗，NFT 的每一次出圈似乎都与不断刷新认知的高价有关。很多人开始关注到 NFT，是在 2021 年 3 月，因为推特 CEO 杰克·多尔西（Jack Dorsey）拍卖自己首条推文 NFT 和加密艺术家迈克·温科尔曼（Beeple）作品拍出千万高价。

2021 年 3 月 6 日下午，杰克·多尔西发布了一个指向平台"Valuables"的链接，打开后页面显示他于 2006 年发布的首条推文"just setting up my twttr"在上面拍卖。最高出价来自一家数字货币交易公司 Bridge Oracle 的 CEO 希纳·艾斯塔维（Sina Estavi），他出价 250 万美元。

《每一天：前 5000 天》是由迈克·温科尔曼（Beeple）将其从 2007 年 5 月 1 日起每天在社交平台上发布的作品（共耗时约 13 年），在凑满 5000 张后用 NFT 加密技术组合生成的。此作品在纽约佳士得网络拍卖，经过网上竞价，以最终加佣金共约 6 930 万美元

图 3.7　多尔西发布意图出售其首条推特 NFT 的消息

（约 4.5 亿人民币）成交，刷新了数字艺术品拍卖纪录和网上专场拍品最高成交价等纪录。此次作品拍卖不仅使得 Beeple 名声大噪，其成交天价也加速了 NFT 进入大众视野。此后，越来越多的名人以及品牌踏入 NFT 领域并且 NFT 热度一直居高不下，这也让 2021 年被业界称为 NFT 元年。至此，NFT 彻底出圈。

图 3.8　加密艺术家温科尔曼的一套作品《每一天：前 5000 天》
（*Everydays*：*The First 5000 Days*）

金融元宇宙

图 3.9 《每一天：前 5000 天》局部 1

图 3.10 《每一天：前 5000 天》局部 2

NFT 有什么优势

第一，NFT 在开放的区块链分类账上注册，从而可以确权，这也是它最重要且最被寄予厚望的功能之一。NFT使数字内容资产化，并且可以实现物品特定化、数字物品交易智能化等。

第二，通过NFT技术的应用，释放交易潜力。无须中间商，艺术家可以直接面对市场，让消费者可以方便轻松地交易，释放交易潜力。在未来，可能会有更多艺术相关工作者，以创作优秀的NFT作品为主业或副业，就像Web 2.0时代这些拍摄短视频获取相应收入的博主（blogger）。

第三，NFT可以帮助创作者比在传统平台获得更多的利润，促进互联网UGC内容生态的繁荣。在Web 2.0时代，要通过数字内容获利，内容创建者可以将其上传到Instagram、YouTube、TikTok、Spotify或者微博、微信公众号、小红书等其他社交媒体平台。然后，这些集中式平台通过广告或订阅将内容货币化，并将一定比例的利润支付给内容创作者。相比之下，数字创作者可以通过NFT直接从追随者那里获利，无须中介即可销售自己创作的数字内容。

第四，NFT可用于筹款、游戏和收藏品等方面。NFT可用于为慈善事业筹集资金，例如名为Blockchain for Good的慈善游戏活动。NFT还可用于创建独特的数字收藏品，例如OpenSea等网站上允许创作者创建NFT并上传交易。NFT也可用于交易或用于游戏应用程序，例如The Sandbox游戏中可以创建NFT也可以用于交易。

第五，NFT可用于投资。独一无二、可轻松交易和传送、具有升值空间的特点使NFT非常适合交易和投资。随着受欢迎程度的飙升，NFT已成为许多人的交易和投资选择，其追随者有专门机构，也有个人投资者。

补充一下，除上述优势之外，花旗银行的报告也指出：NFT 现实世界的资产可以被上链。例如，现实世界的抵押贷款可以被上链，房地产投资信托基金可以与虚拟地块一起使用，数字艺术家 Beeple 的第一件实物艺术品"HUMAN ONE"在佳士得拍卖，包括其相应的 NFT，最终拍得近 2 900 万美元。链上资产也可以被转移到现实世界，例如在虚拟世界中购买 NFT，在现实世界中作为产品兑换。2022 年，美国房地产投资信托基金 NOYACK 接受加密货币支付（通过 BitPay），使得消费者可以将链上资产转移到房地产。

NFT 应用场景

1. 版权保护及版权交易（转让和许可使用）：几乎任何可以被数字资产化的东西都可以成为 NFT。NFT 可以代表一幅画，一首歌或一段音乐，一项专利，一段影片或视频，一张照片，甚至是几声咳嗽声或呼噜声。在这个领域，NFT 帮助每一个独一无二的东西进行确权。

2. 实体资产代币化：房屋等不动产及其他的实物资产，也可以用 NFT 来代币化，这使得实体资产再融资成为可能。

3. 记录和身份证明：NFT 具有"独一无二"的特性，因此，也可以用于验证身份和出生证明等，用数字形式进行安全保存，防止被滥用或篡改。试想如果有一天身份和学历可以成为 NFT 并标记在链上，不法分子将很难伪造。

4. 金融票据：各类金融票据在流通和交易过程中承载大量信息，如果与 NFT 结合，不仅能够确权，还便于追踪。另外我们此前也提到过国外市场有NFT的金融化及证券化的趋势，未来各类NFT资产的交易可以形成一个细分的金融市场。

5. 游戏：NFT可用于游戏中的宠物、服装和其他物品，就像Web 2.0中购买的道具一样，只不过被记载在链上，独一无二，只属于你，除非你转赠或卖给下一个人。例如加密猫中的猫咪，The sandbox中的虚拟土地。

6. 票务：演唱会门票、电影票、话剧票等，都可以用NFT来标记。所有的票都一样，非同质化体现在座位号不同。歌手贾斯汀·比伯（Justin Bieber）与虚拟音乐会公司Wave VR合作，向全球歌迷献上了一场30分钟的"元宇宙演唱会"（见图3.11）。美国知名说唱歌手狗哥（Snoop Dogg）把rap唱到了元宇宙，还在游戏The Sandbox中发布了一段音乐视频，称将在2022年晚些时候举办一场元宇宙音乐会。试想在如今全球疫情横行的情况下，现实世界里要开一场演唱会困难重重，以后我们完全可以去元宇宙中听演唱会，门票可以用发行NFT来进行确权标记，购买无须找"黄牛"，转让也无须找中间商。

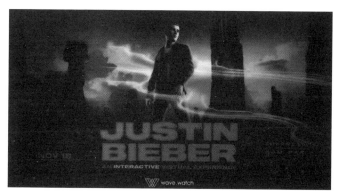

图3.11　贾斯汀·比伯虚拟音乐会公司Wave VR合作元宇宙演唱会

如何参与NFT

就目前而言，国外大部分NFT交易市场建立在以太坊网络上，但也有诸如NBA TOP SHOT等应用部署在FLOW等新兴公链上，操作步骤大致类似；国内则将NFT本土化，名为"数字藏品"，一些发布在公链上，另一些则纷繁复杂，我们在表3.3中总结了国内部分数字藏品分布链。

表3.3 国内部分数字藏品分布链

种类	使用平台	特质
公链	METABOX、唯一艺术平台、麦塔Meta、Bigverse（NFT中国）、AmallART、海幻境、ArtMeta元艺术、BiBiNFT、稀象、J-art乐享艺术平台、双镜博物、上镜等	公有链，完全去中心化且透明。全世界任何人都可以读取数据，目前很有名的比特币、以太坊都属于公链
蚂蚁链	鲸探、DT元宇宙、第九空间、归藏、MO绿洲、七级宇宙、一花、数旅人、阿里拍卖-数字拍卖、仙剑元宇宙（在研）、超维空间、蓝猫数字等	蚂蚁链隶属于蚂蚁集团，旨在推动区块链技术平民化，而在2020年之前的4年时间里，蚂蚁链上申请的区块链专利技术也排在全球第一；蚂蚁链运营能力较强，联合动漫、文创、体育等多元领域的机构不断发行多元数字藏品
BSN联盟链	河洛、数字艺术ADC、千寻数藏、Mytrol数字文创空间、数藏中国、一起NFT等	BSN联盟链隶属于国家信息中心、中国移动、中国银联、北京红枣共同发起和建立的底层框架，开发者可以选择适合应用业务需求的开放联盟链部署和运行智能合约和分布式应用
至信链	幻核、小红书R-数字藏品、QQ音乐、阅文集团数字藏品、TME数字藏品平台等	至信链是腾讯协同其他公司发布的可信存证区块链服务。其中，幻核平台背靠"大厂"，属于国内头部藏品平台，腾讯大文娱内容生态协同性较高，影视动漫及游戏IP有望实现衍生变现

续表

种类	使用平台	特质
百度超级链	百度数字藏品、莱茨狗、丸卡、洞壹元典、良选数字等	百度超级链属于百度,已经在医疗、政务等20个领域落地应用
树图链	薄盒、淘派数字藏品、非遗数字藏品等	树图链是在上海市人民政府支持下发起的
智臻链	灵稀、智臻链防伪追溯平台等	智臻链是京东科技旗下的区块链技术与服务专业品牌。京东智臻链防伪追溯平台:物联网信息采集+区块链技术+大数据处理能力+监管部门、第三方机构+品牌商等,联合打造全链条闭环区块链追溯开放平台

部分平台及其发布链总结

考虑到国内的参与信息比较容易搜集到,我们在此不多做介绍。国外以太坊网络上可以在规模最大的NFT市场OpenSea上了解或参与NFT,也可以通过其他NFT网站如Rarible等进行操作。

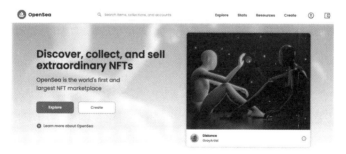

图3.12 OpenSea网站首页展示(地址:https://opensea.io/)

OpenSea和Rarible等网站都支持NFT相关的以太坊区块链标准,不仅可以购买NFT,也可以自己创作并把作品铸造为NFT。

目前 NFT 支持多种格式，例如图片及动图（JPG、PNG、GIF 等）、音乐文件（MP3 等）、3D 文件（GLB 等），都可以做成 NFT，当然不一定有人愿意付费购买。除了创作和发布功能，网站上还可以进行 NFT 交易买卖。

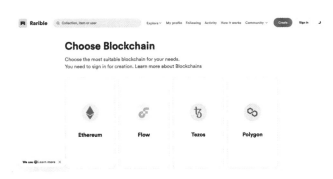

图 3.13　Rarible 网站截图，点击 Create 即可开始创建 NFT 项目

国内外知名 NFT 介绍

国内 NFT 与国外 NFT 从本质上来说并不是完全相同的概念，其本质在于国内监管政策与国外的差异，使得 NFT 的发展路径相较国外而言更加保守。国内 NFT 的本土化名称叫作"数字藏品"，顾名思义，在国内其首要功能为"藏品"，NFT 更多的是以"数字藏品""数字艺术品"的形式出现，相对弱化了国外 NFT 的二级市场流通功能，也使得国内数字藏品和国外的 NFT 最大的区别表现在交易层面：国外的 NFT 一般建立在以太坊等公链上，可以通过虚拟货币来进行二级市场上的交易，金融属性比较强；而国内的数字藏品基本上都建立在联盟链上，不支持二次交易，缺乏通证

交易的功能，一般用于收藏或者转赠，金融属性较弱。另外，国外 NFTs 还可以通过质押方式产生收益。使用 NFTs 作为贷款的质押品，然后以更高的利率对贷款的资金进行再投资，如 NFTfi 网站允许使用 NFTs 作为贷款的质押品。

图 3.14　NFTfi 网站首页

联盟链和公链上的 NFT 各有优缺点，我们将其各自的特点总结在表 3.4 中：

表 3.4　联盟链和公链优缺点一览

项目	联盟链	公链
是否去中心化	未实现完全去中心化，安全性较低	完全去中心化，安全性较高
能源消耗	能源消耗较低（只需经过几个联盟方的节点验证）	能源消耗较高（需要经过大量节点验证）
交易机制	NFT 的铸造上链和发售的算力成本较低	NFT 的铸造上链、首次发售和二次转让等每个环节都需要支付 Gas 费
炒作	限制二级市场上藏品的交易，对炒作有较好的管控，但市场较为封闭对卖家不友好	公链上 NFT 具有唯一性和真实性，限量发行且独一无二，使得 NFT 容易被炒作

197

下面介绍一下国内国外最火热的和最具潜力的NFT。

说到国外NFT，不得不说到加密朋克（CryptoPunks）和无聊猿猴俱乐部（Bored Ape Yacht Club，常简称"无聊猿"或"BAYC"）。加密朋克是NFT开山鼻祖之一并且常年居NFT交易量第一位，无聊猿热度及价格居高不下且经常居NFT交易量第二位。

加密朋克（CryptoPunks）

"加密朋克"是全球较早的NFT之一，发行于2017年6月。该系列由10 000个24×24像素的艺术图像通过算法组成，大多数图像都是一些男孩和女孩，但也有一些比较罕见的类型：猿、僵尸，甚至是奇怪的外星人（共5种朋克类型）。10 000个朋克中有9个外星人朋克、24个猿朋克、88个僵尸朋克、6 039个男性朋克人物和3 840个女性朋克人物，共有87种属性，每个朋克最多7个属性。朋克的价值取决于它的类型、属性的数量、属性的组合和主观性。在项目官网，每个朋克都有自己的个人资料页面，显示它们的属性以及它们的所有权/出售状态。加密朋克灵感来源于朋克文化，用于展现早期的区块链运动鲜明的反建制精神。每个图像都有假定的个性和随机生成的特征。一般来说，被认为更有价值的类型是外星人、僵尸和猿。2018—2021年，项目分别被登录在美国消费者新闻与商业频道（CNBC）、《金融时报》、彭博社、《市场观察》、《巴黎评论》、沙龙、大纲、伦敦佳士得、巴塞尔艺术展、美国PBS新闻一小时、《纽约时报》，是以太坊上较早的非同质化通证之一，也是大多数数字艺术品创作的灵感来源。

无聊猿猴游艇俱乐部（Bored Ape Yacht Club，BAYC）

无聊猿是另外一个在众多NFT项目中相当耀眼的项目，迄今为止，位列NFT项目排行榜第二。在NFT和艺术的联动下，经过一系列天价NFT事件的发酵，BAYC在2021年全面爆发。2021年4月23日，一个由4名好友组成的无聊猿俱乐部设计的10 000个不同的猿猴图集——无聊猿猴游艇俱乐部横空出世。篮球巨星斯蒂芬·库里（Stephen Curry）、足球巨星内马尔（Neymar）、国际歌手贾斯汀·比伯（Justin Bieber）、名媛帕丽斯·希尔顿（Paris Hilton）、中国台湾知名歌手周杰伦纷纷将其收入囊中并爱不释手，一时间无聊猿成为加密世界最高级的社交名片之一。项目火爆后，原来的初创团队也由4人组扩充到了上百人，社区情绪高涨。无聊猿团队将NFT版图扩张，不仅发行了"猴子币"（Apecoin），还在加利福尼亚开设了世界第一家"无聊猿"主题餐厅"Bored & Hungry"。此外，无聊猿筹备了名为 *The Degen Trilogy* 的电影三部曲，这也是一个将NFT项目应用落地到现实之中的很好的案例。预计现实世界资产和NFT的双向联动将解锁NFT更多的潜力。

未来战士机甲水浒

《未来战士机甲水浒》是全球首个具有东方元素的3D大型NFT项目，是世界上第一套水浒主题NFT收藏品，也是中国传统文化和区块链技术的完美碰撞。其故事背景设定在未来城市，地球遭受外星文明入侵，《水浒传》中108将身穿机甲穿越到未来，为人类背水一战。该项目由IP原创者贺子龙和加密狂潮科技有限公司联合出品。此套数字藏品共发行108张，在特质上较国内其他数字藏品而言更接近"NFT"本身的概念，每一张都独一无二。卡片具备极高的审美性、可玩性和收藏价值，这也是一套严重被市场低估其价值的数字藏品。

图3.15 《未来战士机甲水浒》藏品部分展示

《万华镜》——中华五十六个民族印象动画

《万华镜》全作仿如一幅华夏民族人文绘卷，由青年艺术家周方圆创作，腾讯幻核平台推出，是映射了五十六个民族印象的NFT动画作品。该系列作品共包含56种数字民族图鉴，发行总量为3 136枚。一经发布，《万华镜》迅速占据哔哩哔哩、微博视频热榜第一位，全网传播量超过1 500万。热度也许会消散，但其所代表的5 000年中华文明和新时代对传统文化的坚守早已深入人心。

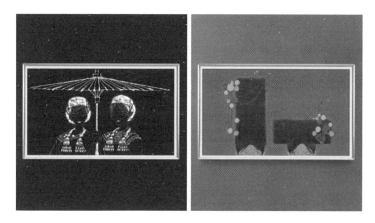

图 3.16 《万华镜》藏品部分展示

NFT 存在的问题

微软网络安全负责人查理·贝尔（Charlie Bell）在博客中表示，"元宇宙或许会带来很多新的可能，但也必然会面临一些安全问题，行业亟须寻找对应的应对方案"。目前，NFT 作为元宇宙通证，已成为市场活跃的产品之一，但其发展尚处于早期阶段，尚未成熟的 NFT 开发也面临着一些潜在问题。

第一，NFT 质量良莠不齐，容易遇到"盗版"。打开世界上最大的 NFT 交易网站 OpenSea，你就会发现，如果不在"排名"（Rankings）中点击项目跳转，直接搜索项目名称，会出现很多假冒的项目。购买者如果不做深入了解，或者偶尔"眼花"点击几下，钱包里的钱就会流入"盗版"项目。使用盗版艺术品制作的 NFT 数量非常多。

第二，NFT 存在"所有权"争议。其一为传统存储"所有权"

争议。NFT 之所以能受到追捧，主要原因在于 NFT 能够确权。但是大部分的 NFT 项目所采用的其实都是传统的中心化存储方法，这意味着这些 NFT 对存储服务商而言是开放的、是可以随意改动的，也意味着在这种中心化存储的背景下，NFT 项目存储是容易陷入"所有权争议"的；其二为共有产权作品被发布为 NFT 后容易陷入所有权纠纷。2021 年 11 月，昆汀·塔伦蒂诺和米拉麦克斯因《低俗小说》NFT 的权利而陷入诉讼。昆汀原本计划把《低俗小说》中的七个未剪辑场景作为 NFT 在 OpenSea 上进行拍卖。然而，制作该电影的米拉麦克斯公司已对昆汀提起诉讼声称它拥有《低俗小说》的权利。该公司声称昆汀"对米拉麦克斯隐瞒了该 NFT 计划"，并无视与销售有关的停止令。米拉麦克斯公司还表示，昆汀涉嫌违约、不正当竞争和商标侵权。

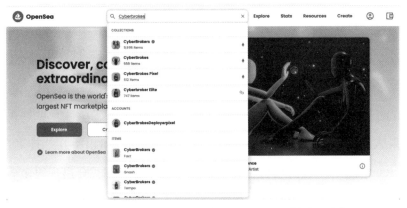

图 3.17 在 OpenSea 搜索框中搜索到的项目"鱼龙混杂"

第三，NFT 存在安全问题。如果你对 NFT 有所了解，你会发现与安全问题相关的新闻并不少见。Check Point 产品漏洞研究负责人奥德·瓦努努（Oded Vanunu）表示，他们已经看到不少网络犯罪者盗窃 NFT 以牟利。

因为依托链上交易，合约及代码漏洞给了黑客们可乘之机。世界上最大的 NFT 交易平台 OpenSea 官方网站安全中心表示，官方一旦获知有 NFT 被盗，会采取禁止通过本平台买卖转手的措施，以确保用户权益。其他平台也均针对用户持有的 NFT 被盗的情况表明态度谴责盗窃者并声明将会加强安全性审查及保障。尽管如此，在天价的诱人利润下，还是有人铤而走险，使得类似的盗窃事件依旧屡见不鲜，NFT 一直主打的上链和加密安全也引发了公众的疑问和讨论。2021 年 12 月，RossKrammer 艺术画廊老板托德·克莱默（Todd Kramer）宣布他收藏的 15 个价值约 220 万美元的 NFT 被盗；2022 年 4 月初，中国台湾歌手周杰伦在社交媒体 Instagram 上发文称其拥有的无聊猿作品被盗走（见图 3.18）；2022 年 3 月 23 日，NFT 游戏（链游）安全性遭质疑：Axie Infinity 开发商被黑客攻破，损失 6 亿美元。根据 NonFungible 发布的《NFT 市场 2021 年度报告》，2021 年 Axie Infinity 交易额高达 34.85 亿美元，位居区块链游戏类别的第一。由此可见，在 NFT 世界里，行业龙头也无法避免安全问题。

第四，NFT 还存在一个缺点就是实体艺术品如雕塑等三维物理艺术无法通过 NFT 进行数字化。实体艺术品是现实世界中的三维对象，而 NFT 是仅存在于区块链上的数字资产。

第五，没有共识的 NFT 容易使投资者被称为"接盘者"。在提到 NFT 优势时我们讨论过 NFT 可以作为投资产品，当然前提是

NFT 有升值空间。如果你购买的 NFT 没有升值空间，则不具备投资属性。

图 3.19　周杰伦在社交媒体上发文称其拥有的 NFT 作品被盗走

来源：周杰伦 Instagram。

除此之外，NFT 容易被经济犯罪者用来洗钱等。NFT 属于虚拟资产，具有双向匿名、点对点交易、便捷快速、全球流通等特性，由于交易自由、转移便捷、缺乏相关法律的监管，容易出现洗钱、非法集资等问题，并且犯罪发生后的追查、追赃都会比传统洗钱案件更加困难。

不过，NFT 存在安全问题并不意味着每个人的 NFT 都会被盗，实际上，上链加密技术是可靠的，NFT 存放在链上钱包里，在不出现任何操作失误的情况下是非常安全的。用户应该更多地学习区块链智能合约基础知识，定时清理已经授权过的合约，不要随意进行钱包授权,也不可点击陌生人发送的链接,谨防钓鱼。出现被盗的常见原因之一是用户可能不慎将私钥或对应的助记词泄露,还可能是给欺诈者设置的智能合约进行了授权,那么拿到私钥的黑客就可以盗窃其钱包中的NFT。除了安全问题以外,以上我们讨论的NFT的其他潜在问题可以通过后期区块链技术的完善、NFT的安全知识的普及、其应用场景的逐步成熟以及元宇宙中法律法规的完善来解决。

目前NFT尚处于发展的早期阶段,新概念的出现鼓舞了一批真正对NFT前景看好的跟随者,但其中不乏投机者的存在。不得不说,进行NFT交易也需要注意一些问题:国外的NFT价格相对更高,在注意资金及数字资产安全性问题的同时也要注意所购买的NFT的流通性问题。已经有案例显示,共识和流动性不强的NFT流入消费者手中后,很难找到下一个买家,消费者成了"接盘者"。谈到国内数字藏品的购买,我们认为首先要关注藏品是否由公信力强的平台或艺术家发布,"大厂"的藏品往往有强背书、强技术支撑,在二级市场或将来开通二级市场后,存在赢利可能性。并且,一定要先了解基本情况后再投资,不要盲目跟风,试想在新事物兴起的阶段,有几个所谓的"专家"呢?"专家"的推荐是否要为自己带货?咨询所谓的"专家"不如自己先多做做功课。另外,如果遇到喜欢的藏品,价格不高则可以买入,即使损失也有限,还能买到自己的心头好,何乐而不为呢?

NFT 发展前景与展望

NFT 自诞生以来，外界一直存在其是否属于炒作的争议。未达到完全去中心化、明星效应、部分 NFT 价格起伏较大、投机者众多、区块链基础设施开发不达预期等现象和风险使得外界对 NFT 充满疑虑，但是无论从技术还是未来发展的角度看，NFT 的爆发都是大势所趋。目前来看，短期内，NFT 主要是实现以艺术品为代表的虚拟财产的确权、流通和交易；从长期来看，股票、私募股权甚至房地产等金融资产及现实资产将实现上链，使得投资可以变得更便捷，也为发展金融市场、降低成本和简化投资流程提供了一个很好的机会。除此之外，未来 NFT 或许被用作元宇宙中的身份证明，每个从现实世界进入虚拟世界的人，都需要一个 NFT 身份证明来证明 TA 在虚拟世界中的身份，就像电影《头号玩家》中展示的那样。

可以说，NFT 在国内和国外成长土壤不同，养分不同，修剪"植被"程度不同，发展路径也不同。NFT 尚处于初步发展阶段，许多国家和地区尚未发布相关政策，对其监管存在的不确定性也导致 NFT 行业发展存在不确定性。国外的 NFT 衍生应用体系较为成熟，Opeasea、SuperRare、Rarible 等二级市场应用设施较为完备，用户量多，平台信用较高，NFT 发展较自由且多元化，无限制，交易自由，涨跌幅较为宽松，但有些 NFT 项目流动性不高，存在难以找到下一个购买者、洗钱等风险。国内 NFT 尚处初步发展阶段，参与平台主要以发行平台为主，监管较严，目前，大部分平台尚未开放二级市场交易，这也导致国内藏品拥有者购买藏品后很难再次变现。2022年4月13日，中国互联网金融协会、中国银行协会、中国证券业协会联合发起《关于防范NFT相关金融风险的倡议》，提出"坚决遏制NFT金融证券化倾向，从严防范非法金融活动风险"，倡议"不为NFT交易提供集中交易（集中竞价、电子撮合、匿名交易、做市商等）、持续挂牌交易、标准化合约交易等服务，不变相违规设立交易场所"，同时，也指出"NFT作为一项区块链技术创新应用，在丰富数字经济模式、促进文创产业发展等方面显现出一定的潜在价值"。此项倡议的提出，肯定了数字藏品价值的同时也打击了数字藏品背后的非法金融活动和炒作，使得通过NFT等数字资产洗钱的可能性大大降低。由此可见，NFT在国内目前的监管环境下，其发展路径将不同于海外市场，主要发挥确权功能及藏品功能，更多的是对无币化NFT的探索。这也意味着在未来，能够开放一个可以抑制甚至杜绝炒作的二级数字藏品市场是国内NFT行业发展的关键。更长远来看，我们可以在数字藏品的发行、销售、流通等方面探索和建立中国化的规则和标准，走中国特色道路。

与此同时，风险无时无刻不在，有人在NFT领域暴富，更有人亏得血本无归。建议投资者杜绝投机思维，应深入地了解NFT市场各项风险，做好项目背景调查并谨慎行动、理性投资。在此不做任何投资建议，仅为读者了解学习之用。

小 结

元宇宙、DAO、区块链、NFT 概念爆发并受到追捧，不仅点燃了互联网和科技圈，也让许多普通玩家蠢蠢欲动。这种火爆的发展态势更容易让许多不法分子偷换概念对之进行炒作，利用新事物和新概念的陌生感和神秘感，做一些非法集资和非法吸收公众存款等旧勾当。但成为资本市场炒作的工具并不是新概念本身的错误，而是非法投机者的错误。我们一定要正视新概念的出现和发展，不要谈之色变，也不要将长了几只虫子的小苗连根拔起，而要以正确的方式呵护小苗的成长，做这场革命的参与者和见证者。

诚然，元宇宙中，DAO、Token、NFT 都尚未"成年"，在其成长的路上，必然会遇到一些问题。但其底层逻辑、技术支撑，以及发展前景依然向好。金融元宇宙要做好顶层设计，将法律法规以及监管要求纳入元宇宙体系当中，坚决杜绝"新瓶装旧酒"，而是围绕所处行业的刚需进行创新，为 NFT 和 DAO 的发展，乃至实体经济创造价值。

04 第四章
Chapter 4

金融元宇宙的监管

第一节
金融元宇宙与区块链的结合及其风险

金融元宇宙融合当今两大技术趋势——元宇宙和去中心化金融,即"元宇宙的去中心化金融工具",将推动去中心化金融大幅增长。从最初的资本形成到支持元宇宙内的商业,金融服务可以在其演变过程中发挥重要作用。根据底层技术架构和治理权力的特征,元宇宙分为封闭式(中心化)与开放式(去中心化)两种结构。封闭式元宇宙由特定法律主体(公司或个人)掌控,如美国 Epic 公司旗下游戏"堡垒之夜"(Fortnite)及元宇宙上市第一股"罗布乐思"(Roblox)等,借助相对封闭、分割的特征,所属公司获取大部分收入与利润。以"罗布乐思"为例,首先,"罗布乐思"允许用户以平台自主发行的虚拟货币 Robux 购买平台内用户生成内容(UGC)或平台增值服务;其次,用户只能以美元购买 Robux,按平台设定价格向平台购买,Robux 限平台内使用;最后,"罗布乐思"允许开发者通过开发者交换计划(DevEx)将赚取的 Robux 兑换成法定货币。

开放式元宇宙无特定法律主体掌控,如部署在以太坊等区块链的沙盒（The Sandbox）或去中心化陆地（Decentraland）等。开放式元宇宙被认为是下一代互联网，即 Web 3.0，由区块链、智能合约、数字通证（加密货币）与非同质化通证（NFT）等构成。这种元宇宙主要由用户构建并拥有，用户生成内容，允许内容创建者控制其内容，享有数字作品的权利。与 Web 2.0 时代超级平台垄断用户数据和大部分收益不同，Web 3.0 是用户和建设者共同拥有网络与数据，这在区块链技术条件下方能实现。开放式元宇宙是"利益相关者机制"，逐渐形成用户和建设者自治的组织形式（DAO），组织规则由程序代码执行，建设和维护元宇宙的社区成员分享利益，共有和共治虚拟空间，这需要应用区块链的共识机制及数字通证作为经济激励机制。综上，开放式元宇宙将与区块链深度融合，释放用户数字创造动力，代表未来行业发展方向。

区块链为金融元宇宙提供必要基础架构、NFT（非同质化通证）和数字通证（以太币等同质化通证），使数字创造实现价值标识（确权）与价值转移（交易）。在 2004 年，美国学者科利（Cory Ondrejka）指出自由市场与财产权利的界定是创新先决条件。元宇宙要取得成功，则要求虚拟财产必须能转换成现实世界的财产。这个自由市场要求创造者对财产拥有相应权利，方有创造财富的动力，以促进增长。但在前区块链时代，个人拥有数字作品的财产权利缺乏技术支持，多停留于设想中。与封闭式元宇宙由所属公司掌控数字资产所有权不同，开放式元宇宙需要独立于特定应用项目的数字资产所有权，以太坊等技术标准允许元宇宙用户以可控方式拥有数字资产。用户拥有数字资产的所有权，开辟资产金融化的途径

——质押、借贷、交易和衍生品等，这些业务在去中心化金融应用中较成熟，构成金融元宇宙的主要内涵。

区块链原生数字通证（也有人称之为私人加密货币）是激励手段，也可能成为价值储藏的载体，与稳定币一起构成元宇宙的支付工具。去中心化金融降低了人们进入金融的门槛，为人们通过加密资产获利创造机会。在这个开放系统上创建钱包、转账与交易均无须提供个人身份等关键信息，应用无须许可，不需要金融中介机构，所有业务通过区块链智能合约自动执行；不需要昂贵办公场所和庞大合规团队，交易费用低于传统金融机构；各类应用程序像"金钱乐高积木"一样搭建与分工协作，允许用户创建、修改、混合、匹配或链接任何现有的去中心化金融产品；智能合约应用程序相互叠加，生成可互操作和组合的金融业务。去中心化金融的一些理念富有积极意义，如消除中间环节的暗箱操作，降低中介风险，个人掌控加密资产，交易记录公开透明，受公众监管等。在元宇宙中，可组合性和互操作性使不同加密资产能够应用去中心化金融协议进行传输和交换。用户在去中心化交易所兑换不同私人加密货币，将私人加密货币存入借贷协议赚取收益，或用跨链桥将私人加密货币转入其他区块链系统，这些特征与金融元宇宙业态融合。元宇宙将拥有完整的去中心化金融体系——加密资产以链上资产形式记录在区块链账本，以智能合约实现交易，以哈希算法保持数据一致和不可篡改性，由非对称加密算法建立安全账户，元宇宙让生产要素流动，并以跨链技术解决不同元宇宙的资产流转。

金融元宇宙是以区块链技术、智能合约和分布式自治机制等为基础的第三代互联网在金融领域的重组。近年去中心化金融应用主要有三种。一是借贷，用户可以在基于以太坊的借贷协议（如 Compound）的借贷池中存入资产，赚取利息，或质押加密资产从该协议中借出稳定币。如质押资产市值下跌或到期，用户资金还款困难，协议将执行清算程序，拍卖质押品以避免损失。二是基于去中心化交易所（DEX）的加密资产交易，去中心化交易所（如 Uniswap）允许人们未经审核即在该应用协议上直接交易，允许人们交易新的加密资产。三是衍生品交易，衍生品平台（如 Synthetix）允许用户杠杆交易，或创建模仿传统股票和商品的"合成资产"，作为交易标的。

去中心化金融成为金融元宇宙核心，其发展突飞猛进，至 2022 年 6 月 5 日，据 DeFi Pulse 统计，区块链上借贷、交易及衍生品等加密资产锁仓市值达 540 亿美元以上。去中心化金融应用由以太坊拓展到其他区块链系统，如 Solana、币安智能链（Binance Smart Chain）及 Avalanche 等，引起业内人士与各国金融监管机构高度关注，诸如美国证券交易委员会（SEC）表态要求监管去中心化金融。去中心化金融是近年"破坏式"创新代表，引发法律风险——去中心化金融衍生品匿名性和去中心化交易，使监管机构收集信息受阻，存在高杠杆、抵押品不足、无反洗钱机制、无用户身份识别、交易匿名与市场操纵等风险，可能助长洗钱、非法融资及网络敲诈等犯罪，增加取证、侦查难度。

元宇宙将兼容去中心化金融与中心化金融（传统金融），但诸如银行等中心化金融或传统金融多由特定法人主体控制，承担法律责任的主体明确，在现有金融监管法律框架内基本可得到监管，公司建立封闭式元宇宙，亦必须置于现有法律与监管规则之下，因此无须专门法律治理或金融监管机构过早介入。开放式金融元宇宙以区块链网络和加密货币为基础，涉及众多金融风险，应引起监管机构高度重视。开放式元宇宙监管环境远未成熟，去中心化金融业态将是元宇宙最具活力、革命性甚至"破坏力"的部分，现有法律与监管框架几乎完全空白，带来巨大监管难题，尚未引起各国监管机构重视。元宇宙与去中心化金融结合而成的金融元宇宙，将带来各种法律风险与挑战，急需金融监管者针对其"去中心化"表象，分析风险来源，重点思考监管谁、如何监管、监管规则及规则方式可能的局限等系列理论问题。综上，本章以提升金融元宇宙可监管性（regulability）作为核心，涉及下述重要内容：分析开放式金融元宇宙的技术底层，即区块链对现行法律构成挑战的原因；思考金融元宇宙可监管的主要对象；探索监管方式与监管重点阶段；剖析监管局限及原因。

第二节
金融元宇宙"去中心化"的法制挑战

金融元宇宙实为区块链去中心化金融的应用,与法律中心化特征间存在矛盾,这是金融元宇宙冲击法律与监管规则的主因。传统法律关系由权威中心化机构,如立法、执法和司法机关确立、宣示和保证执行。诸如各类权益证书由中心化机构,如房产管理部门、车辆管理部门等登记、确权并受法律保护,权利和义务主体的特定化是明确法律关系的前提。但金融元宇宙参与和运维区块链系统的网络节点分布于全球,交易无须识别用户真实身份,义务承担者分散化或无法确定,权利人的请求权可能失去特定对象。法律体系是中心化社会的产物,去中心化意味着区块链系统缺乏明确法律主体,法律监管缺乏特定对象,为不特定参与者规避法律责任提供便利,甚至导致"法不责众"局面。

区块链部署去中心化应用为交易者提供未经监管者许可的期权、借贷等各类金融产品与服务。在以太坊上的自动做市(Automated Market Maker,业界称"AMM")交易协议 Uniswap 上交易,不需要做市商、上币费及撮合模式下超大规模的运算资源,为元宇宙和区块链项目融资及加密资产价格发现提供便利。Uniswap 基于以太坊协议，允许用户以去中心化和无须许可的方式促进以太币和其他加密资产（遵循以太坊 ERC-20 协议发行的加密资产）间自动兑换。如某种代币不在 Uniswap 上，只需复制和粘贴该代币的智能合约地址就可添加。论者称，ERC-20 协议是至今以太坊上发行的受认可程度最高、使用最为广泛的加密资产协议，旨在为以太坊上的通证合约提供一个特征与接口的共同标准。但其没有考虑监管方面对加密资产的发行要求，或者说其是为避免对生成在公有区块链的加密资产监管而诞生的一种通用的、简单的标准化协议。任何用户可在 Uniswap 自由存入代币进行兑换，自由提取，没有中心化交易所用户注册、身份验证和充提币限制，智能合约自动运行，无须像中心化交易所（CEX）那样，必须核实用户身份信息。很多项目开发团队原来只能先向中心化交易所付费（业界称"上币费"），通过中心化交易所严格审核或社区投票后才能上市交易某种加密资产（IEO），Uniswap 等去中心化交易所彻底放开上币门槛，任何人只需几串代码即可完成上币交易（IUO），行业融资门槛降低，比 2017 年前后盛行的代币发行初始融资（ICO）模式更疯狂和非理性。与之相比，匿名开发团队创建的 Sushiswap 功能更多元，集去中心化交易所和借贷市场于一体。

去中心化金融业务近年来飞速发展，据以太坊市场分析平台 Dune Analytics 数据，即使在 2022 年 6 月 15 日"币圈"熊市期间，以 Uniswap 为代表的去中心化交易所过去一周仍创下 230 亿美元的交易量。这种商业模式不用验证交易者身份，无人审核特定加密资产是否存在代码漏洞，不必验证资金合法性来源。多数国家针对中心化交易所设有严格牌照管制和相应法律与监管，而诸如 Uniswap 仅是一段代码，部署于以太坊上，区块链防删改的特性使上述项目一旦启动，创始人亦无法停止其运行，因此，当前尚无有效法律与监管机制可应对。

第三节
金融元宇宙自生规则与法制的分立

金融元宇宙多无明确控制主体，责任承担主体模糊化，无用户真实身份或地理位置信息，增加监管与合法性审查难度。如国外法学专家普里马韦拉·德·菲利皮（Primavera De Filippi）等人所述，"现有法律体制的监管重点，是负责和协调在线活动的各种中心化中介机构，而部署在区块链上的系统，如果主要或完全借助密码法运作，就难以受到现有法律体制的控制和监管。这些区块链系统由软件协议和基于代码的规则管理，由底层区块链网络自动执行，借助配套的智能合约，可以实现高度自治，必然越来越独立于中心化的中介机构。这些应用程序仅由代码组成，由区块链协议以分布式方式运行，通常也不会考虑是否遵守现有法律，这必然与现有法律体制产生冲突。"法律监管对象主要是中心化社会特定的、可承担义务的主体，这是法律监管前提。

金融元宇宙的规则自我创生，自我发展，以系统自身商业目的为准则，不以现实世界监管机构的意图为内涵。当法律试图使金融元宇宙更好地服务于监管者意图时，双方不可避免地对立。公共区块链系统假名/匿名及免授权许可的方式，使其无任何准入门槛。如比特币系统创建全球分布式价值传输网络体系，交易者可低成本跨境转移巨额资产。比特币在传统金融账户体系之外实现了价值传输，客观上规避现行法律与监管要求。比特币系统基于代码的规则与金融监管法律体系不一致。私钥是持有人控制比特币的唯一途径，多保存在每个持有者的本地终端，持有者控制存储或转移价值不用借助金融中介机构。这种去中心化的价值管控方式，使司法机构查封、扣押、冻结违法者的财产的传统方式难以执行。

借助区块链，分布式账本跨越国界，金融元宇宙全球化应用场景产生的风险难以受到单一国家监管规则约束。链上行为跨越不同司法辖区，各国法律监管意图各不相同。比如金融元宇宙中的博彩游戏、跨境资产转移或敏感信息上链等行为在特定国家或地区受法律保护，在另外一些国家或地区则是打击对象。不同国家对同一行为的合法性评判存在显著差异，对此，哪些国家或地区法律说了算，如何处理不同国家或地区的法律冲突，哪些国家或地区的法律能够得到执行，这成为不同国家或地区监管执法与司法难题。金融元宇宙难以同时满足所有国家或地区监管的差异化内涵。

代码规则允许加密资产、稳定币和智能合约在未受监管机构审批前提下组成丰富多样的金融业务与产品，这些新生业态的法律地位及法律属性在现有法律与监管体系中多不明朗，使金融元宇宙在现有法律框架下呈现高度不确定状态，其代码规则可能背离现实社会金融监管法律体系。受代码规则约束的各类加密资产的功能及法律性质差异甚大，对法律产生了不同影响、冲击或者挑战。具体而言，有的加密资产是功能性或消耗性的，诸如在区块链 Brave 浏览器内置的代币 BAT，是在广告商和用户之间进行流通的数字资产，通过向用户支付 BAT，以激励用户阅读浏览器中的广告展示。比特币则在事实上逐渐成为价值存储的载体，日益成为欧美众多传统投资机构的重要投资标的。以太坊发行的以太币更像是一种"加密燃料"（crypto-fuel）形式的激励，支付程序运行所需要的费用。自 2020 年以来，以太坊逐渐向 2.0 版本升级，未来将由 PoW（工作量证明）向 PoS（权益证明）的共识机制转变。在新机制下诚实节点质押（Staking）以太币将获得区块链系统奖励收益。这种收益分红模式使以太币不仅具有功能型代币或虚拟商品性质，还可能具有理财投资属性。

同上类似，与 Uniswap 近似的另一去中心化交易所 Sushiswap，其代币不仅代表应用协议的治理权，还代表捕获协议收益的权利。持币者通过质押代币捕获协议交易费以及代币增发奖励的收入。SUSHI 代币持有者将其质押在智能合约（SushiBar）中，由此获得 xSUSHI，可兑换为原来的 SUSHI 代币，以及来自交易费用的额外 SUSHI 代币。因此，此类资产具有收益分红权及投票权。这些去中心化组织无法律实体，通过代码规则与数字通证界定成员贡献量，分配相应权益。去中心化金融不仅创造金融工具，也创造金融资产。比如 MakerDAO 系统既创造借贷协议，也创造稳定币 DAI 及治理代币 MKR。治理代币持有者可对协议参数的更改（例如稳定费或最低质押比率等）投票。MKR 根据 DAI 价格波动而创建或销毁，使 DAI 价格尽可能接近 1 美元。MKR 还用于在 MakerDAO 系统上支付交易费用，并为持有人提供 MakerDAO 批准的投票系统的投票权。

第四节
基于代码治理的金融元宇宙

金融元宇宙借助区块链系统,其代码规则客观上排斥现实社会中心化权威,加剧金融元宇宙与金融监管法律体系的紧张关系。元宇宙各类金融应用搭建在公共区块链系统上,需要遵守底层协议,随着应用普及,世俗社会的权力由立法、执法与司法等中心化机构部分转移到区块链核心技术开发人员手中。程序员编写的代码成为另一种"法律",形塑加密资产创造、资产转移、融资借贷和资产交易等行为。在区块链系统中,代码确立的规则等同于刚性法律,不遵守其架构,无法处理支付、交易、"挖矿"(竞争区块链账本信息记录权以获取加密资产奖励)和数字签名等。这个刚性规则排斥违背代码协议的行为,金融元宇宙可在现实社会执法机构、仲裁机构或司法机构等第三方缺失情况下运行自如。

金融元宇宙是自由开放体系,现实社会金融产品可上链交易,金融元宇宙也可向传统金融体系反向渗透。前者如以美元储备支撑的稳定币 USDC 在以太坊上发行和流通。后者如区块链应用项目"Mirror Protocol"和"Synthetix"创造特斯拉公司等知名公司股票的复制版本。项目开发者在区块链上创建"镜像"协议,激励交易者套利价格差异和管理代币实际供应量,使合成股票价格与真实股票基本保持一致。这些代币在 Uniswap 等去中心化交易所交易,被设计成不需购买真实股票,就可反映它们所追踪的股票价格。但这些合成产品未受监管,也没有在特定国家证券交易所交易。这些代币化股票发行和交易可能违反证券法。阻止"镜像"股票交易,就必须关闭该应用的基础设施——遍布全球的以太坊网络节点和开源代码,关停所有"矿机",这存在现实困难。

在金融元宇宙系统,中央银行法、商业银行法、证券法、货币管理条例和外汇管制条例等法律被代码置换。现实社会的规则在区块链及元宇宙的价值转移、支付或交易过程中并非必选项。去中心化平台的智能合约,如部署在以太坊"0x7a250d5630B4cF539739dF2C5dAcb4c659F2488D"地址上的 Uniswap V2: Router 2,本质是一连串不可能被篡改的代码。因此,金融元宇宙背离法制的状态可能长期持续。

金融元宇宙依托区块链自治组织机制,其社区投票结果而非法院裁决具有决策权威。比如在 2016 年,"DAO 项目"由于智能合约漏洞,当时价格约 1.5 亿美元的以太币被黑客攻击,对此,以太坊社区大部分网络节点投票决定同意"硬分叉",取回被盗以太币,原以太坊最后被分叉为以太坊(ETH,即"新链")和以太坊经典(ETC,即"旧链")。这个涉及巨额资产的重大争议,其决策过程无监管机构、仲裁机构或司法机构介入,完全由以太坊社区投票表决。传统金融创新产品上市要经监管机构审批,产品背后有明确责任主体，面向合格投资者销售。金融元宇宙产品和服务则无须审批，交易通过合约自动执行，实现代码治理与社区"私法自治"。智能合约是对双方约束的特别执行程序，也是权利义务代码化表述，通常排除合同变更、合同条款重新解释与特殊情况下不履行合同等情况。在传统合同法视野下，发生欺诈、胁迫或显失公平等事由时，合同可撤销或可变更。在智能合约中，执行代码发送到所有系统的节点分布式处理，除非多数节点代码同步修订，否则无法更改原智能合约。因此，金融元宇宙实行代码规则的自我治理，社区规范与内部自治取代法律。

综上，金融元宇宙"去中心化"冲击与挑战了金融监管法律体系。对此，从捍卫一国金融监管主权、防范金融风险及推动金融创新角度而言，在借鉴固有互联网监管模式的同时，应着重思考金融元宇宙（及区块链）与监管传统互联网存在什么差异，可监管的对象，即法律责任承担主体是谁。

第五节
元宇宙与传统互联网的监管差异

元宇宙被视作下一代互联网,讨论金融元宇宙及区块链监管问题时,人们易沿用传统互联网(Web 2.0)规则固有思维。对于 Web 2.0,美国互联网法专家劳伦斯·莱斯格(Lawrence Lessig)的《代码 2.0:网络空间中的法律》为本领域经典著作。但 Web 2.0 时代互联网产业最终被法律监管,关键原因是互联网产业均依托中心化商业机构。百度、淘宝、京东或亚马逊等商业机构总部均位于特定主权国家范围,背后有明确高管、实际控制人和投资机构。通过以下层次的制约,平台及用户逐渐被严密监管:一是平台实行内部控制规则,对违背平台规则的交易者施以惩治,如交易者被禁用淘宝账号;二是平台规则正当性不断受法律评价和审查,平台规则逐渐与正式法规融合甚至一致;三是公权力机构通过监管执法与司法,将平台间冲突、平台上发生的交易行为置于监管范围内,比如处罚违背反不正当竞争法或反垄断法的平台。

刘权教授认为:"网络平台经营活动主要依靠消费者权益保护法、反垄断法、反不正当竞争法、电子商务法等法律制度从外部加以规范；平台制定的大量规则对其用户的权利义务起到实质影响；法律也有必要回应平台内部的权力关系与民主诉求。"有些平台为了交易便利，诸如淘宝或二手书交易中介商"孔夫子网"等平台事先引导交易者实名化，明确交易者收件地址，鼓励交易者对每次买卖行为互相评分。而另一些平台诸如微信支付及支付宝，用户实名制则来自商业机构精准营销及遵照金融监管法律体系关于用户识别、反洗钱等已有规则。总之，平台基本实现法律监管，很大程度是商业机构利益驱动与政府监管合力的结果。

互联网监管方式为区块链／金融元宇宙的法律监管似乎提供了参考，但鉴于两者——中心化信息互联网及去中心化价值互联网的本质差异，金融元宇宙注定无法照搬固有监管模式。在 Web 3.0 时代，区块链架构有全新设计和调整，通过分布式记账、密码学原理和共识算法等技术集成解决陌生人主体间的信任问题，实现价值可编程，新的构建模块打开新型金融业态的大门。其中多数构建超越劳伦斯·莱斯格在代码 2.0 时代的设想。金融元宇宙有自身特质——"无须信任"的架构允许不同参与方无须互相信任就能完成复杂金融交易，实现价值转移，传统互联网则需要诸如评分机制加强网络治理；传统金融业围绕银行账户展开，金融元宇宙借助区块链用公私钥体系取而代之。综上，金融元宇宙的特殊性要求监管者调整旧思维。

具体言之，以太坊每个用户对应一个直接记录余额的账户，交易附带参与交易的账户信息，包括外部拥有账户（EOAs）和合约账户（Contract account）。外部拥有账户的用户可以通过账户对应的私钥创建和签署交易，合约账户常由合约代码控制，可以被外部拥有账户触发，从而执行对应的合约代码，进行各种预先定义的操作。区块链账户模式各有千秋，但账户均不需绑定用户身份、识别用户真实性或提供用户通信地址等任何个人信息，这些特征内嵌于金融元宇宙，使传统互联网账户关键要素被区块链消解。通过不对称加密与共识算法等"技术信任"，区块链无须用评分模式让用户增信。金融元宇宙规范与传统网络规范存在较大差异。固有金融监管模式中，金融机构确定了运营主体，金融账户确定了用户主体，牌照管理确定了运营主体合法性，这是实现监管意图的关键，但这些因素被金融元宇宙逐一化解了。

第六节
金融元宇宙"再中心化"与监管可能性

有效监管金融元宇宙,应明确其技术底层——区块链的"权力架构",即在区块链系统发挥关键影响力的私权力主体,确定可监管的重要对象,即法律责任可承担的主体,这是金融元宇宙被金融监管法律规则塑造的前提。为常人忽略的是,金融元宇宙虽借助区块链"去中心化",却若隐若现地"再中心化"。专注反洗钱等工作的政府间国际组织——金融特别行动工作组(FATF)发布2021年指引,将去中心化金融的创造者、拥有者、操作者及任何保持控制或足够影响力的人置于"虚拟资产服务提供者"(VASP)的定义下,要求这些人受到一定的监管。国际清算银行(BIS)的研究者断言,"完全去中心化"是一种幻觉,去中心化金融平台有一群利益相关者,他们执行决策,实施经营或拥有所有者利益。他们的互动以这个群体及治理协议为基础,对政策制定者而言是个自然的监管入口。笔者认为,当前影响主流区块链及金融元宇宙的"权力架构"主要由四个关键私主体构成:核心技术开发团队、大型"矿工"、主流加密资产交易所、投资机构。这是金融元宇宙"再中心化"的重要主体。

在金融元宇宙中,技术掌控权力,权力决定规则,规则塑造行为,行为产生结果。核心技术开发团队通常以非营利基金会形式注册于瑞士等国,其塑造了元宇宙底层架构、业务本质和激励模型。核心技术开发团队拥有元宇宙及区块链系统"立法权",奠定其"法律世界"——基于代码的规则体系,形塑交易行为。参照比特币系统,化名为中本聪的匿名人士或团队设定系统"货币发行"规则——约每10分钟出一个区块,每个区块初始奖励50个比特币,每4年减半,比特币数量上限为2 100万个;算力规则——每过一段时间据参与"挖矿"的"矿机"动态调整算力,算力强的"矿工"有机会先计算出随机哈希函数的正确答案并提交,拥有一次记账权,优先获比特币奖励;转账规则——用户每次比特币转账根据网络拥堵状况向"矿工"支付适量手续费;用户假名规则——代码生成的公钥地址用于接收比特币,不需要获取用户真实姓名;链上交易信息透明可回溯规则,等等。这些规则确立区块链系统行为模式和交易结构,是区块链系统的"宪法"。任何人在比特币系统"违规"将寸步难行——无法"挖矿",不能转移比特币等。这些规则独立于现实世界法律,依托日益增长的全球分布式算力而越发稳定。元宇宙受益于区块链开发者技术不断迭代,最后构造出独立于现实世界和开发团队的"平行宇宙"——由代码规范的"元宇宙世界"。

与之相关,"矿工"是运维区块链系统的主体,遍布全球。拥有算力优势的大型"矿工"负责把特定时间段系统发生的交易信息记载到区块。为激励"矿工"竞争参与"挖矿",提升区块链系统安全性,核心技术开发团队设定加密资产(数字通证)激励机制,让"矿工"利益得到保证,并吸引足够多的"矿工"参与,技术开发团队预设挖矿难度并动态调整,设定诸如比特币每四年发行量减半的规则,参与越早,获利可能性越大。"矿机"算力越强,"挖矿"难度越大,区块链系统稳定性越高。这是以比特币及以太坊的"工作量证明"(POW)机制为代表对"矿工"商业行为做的说明,是"挖矿"机制主流方式。以太坊 2.0 阶段将采用"权益证明"(POS)机制,这一阶段质押巨额以太币作为验证节点的个体或机构拥有话语权,成为"再中心化"主体之一。这类中心化大型验证机构(比如 Coinbase、Lido 等)拥有足够权力,甚至可能改变记载上链的信息。国际清算银行的研究者指出,诸如以太币等加密货币和建于其上的去中心化金融协议依赖验证者或矿工作为中介机构,以验证每笔交易、更新区块信息。这些中介机构可选择添加到账本的交易及交易顺序,因此他们可以采用一些在传统市场可能违法的行为,比如抢先交易(Front-Running),这种获利结果被称为"矿工榨取价值"。这类市场操纵行为需要有针对性地制定新的监管方案。

加密资产交易所能决定哪个区块链系统发行的加密资产可在其平台交易。头部中心化交易所(如 Coinbase)及主流 NFT 交易平台(如 OpenSea)因巨大的交易体量和交易深度为特定加密资产带来价格发现、流动性、变现能力、投资价值和财富效应,吸引更多投资者投资区块链和元宇宙项目,持有或使用特定加密资产。财富效应直接影响区块链及元宇宙系统技术开发团队的后续积极性和用户人数，影响其成长和生命力。典型事例是原以太坊因"DAO 事件"硬分叉后，大部分矿工切换到新链时，部分矿工维持着旧链，他们在旧链挖出的币（ETC）在交易所无法交易，几乎没有任何价值，矿工无经济来源。在旧链即将消失时，当年全球最大的以太坊交易平台 Poloniex（业界称"P 网"）宣布开始交易 ETC，ETC 因此具有流通价值，矿工们生计得以为继，旧链算力迅速增强。

公共区块链需要某种资源驱动，如以太坊需要类似于燃料性质的以太币驱动智能合约执行或每一步链上交易行为。一些加密资产长期成为投资或炒作对象，成为一些高风险投资者储藏价值或法币替代性支付的途径。人们获取此类加密资产的主要途径，一是"挖矿"激励所得，二是在各类交易场所购入。因此，主流加密资产交易所与大型"矿工"（或验证者）作为特定机构，可成为被监管的有效"抓手"。金融元宇宙表面高度去中心化，但大型"矿工"（或验证者）与主流加密资产交易所等特定主体导致其"再中心化"。监管机构可对交易所和"矿工"备案、登记、核准或管制，要求其提供大额加密资产流向信息登记，交易对手采取实名制，防止拥有算力优势的"矿工"发动"双花"攻击。对加密资产交易所的监管可参照金融监管法律体系，形塑交易所规则。如要求交易所比对与识别交易者身份、充提币身份验证、限时限额提币、提币黑地址（可能被黑客使用过的公钥地址）识别并拒绝服务等。

自 2017 年 9 月以来，中国监管机构逐渐清退境内虚拟资产交易所。但西南政法大学的赵莹教授从学术探讨的角度提出，"我国数字货币的法律监管由禁易规则走向管制规则更符合数字货币的发展趋势。数字货币激励性法律监管宏观目标在于维护金融稳定与安全，鼓励金融机构、数字交易平台以及投资者合法开展金融活动，避免发生系统性金融风险。"[1]虽然交易所和"矿工"分布于全球，各国金融监管规则和标准各不相同，上述监管方式可能部分落空，但投资者主要集中在有限的中心化交易所，在过去，中国在比特币矿机研发与算力方面拥有领先优势，基于此，中国监管者可能实现大部分监管意图。

投资机构资金参与量直接影响区块链系统及元宇宙项目研发、使用热度、知名度、系统迭代进度。如元宇宙售卖的虚拟地块等加密资产价格上涨，将吸引"矿工"投入更多资金购买专用计算机设备"挖矿"，或投资人竞买加密资产，使区块链和金融元宇宙运行愈加安全稳健。多数知名区块链项目背后都有行业投资机构作为推手。比如，去中心化金融项目 Gro 宣布完成 710 万美元种子轮融资，由 Galaxy Digital 和 Framework Ventures 领投。这些投资机构提供的资金体量、后续技术与市场指导或人脉资源直接影响元宇宙项目的发展状态和网络热度。通常，核心代码开发者决定元宇宙底层结构、激励机制与商业模式，但是，商业利益方面的诉求使得投资机构的意图必然形塑代码开发者的理念，影响元宇宙的商业模式和应用。

通过监管行业头部投资机构，即中心化实体，监管者有可能将金融元宇宙置于法律监管之下，为借由中心化机构实施对金融

---

[1] 赵莹.数字货币激励性法律规制的逻辑与路径[J].法商研究，2021（5）：138-140.

元宇宙的监管提供有效路径。比如,自 2021 年以来,美国世可(Circle)公司发行受美国监管的中心化稳定币 USDC,其作为去中心化稳定币 DAI 的质押比例不断上升。世可公司跟美联储充分合作,它的美元资产在美联储监管下,资产形态是美元和美国国债。在 USDC 份额占 DAI 的质押品一半以上时,DAI 事实上已被中心化的公司潜在支配。USDC 作为联接传统金融(属中心化金融)与去中心化金融的媒介,提升了传统金融机构对稳定币的采用率,帮助传统资金以合规方式获得金融元宇宙服务。在这一进程中,去中心化稳定币主要由中心化机构的资产支持时,美国金融监管法律体系实际上经由受监管的稳定币向金融元宇宙渗透。与此类似,加密资产交易另一主流稳定币 USDT 由中心化的法律实体 Tether 公司经营。当金融元宇宙高度依赖这些稳定币时,将受中心化金融与传统金融支配。

此外,还有一些边缘性私主体拥有小部分"权力",比如主流区块链资讯媒体、区块链数据与安全分析公司及知名区块链浏览器等发挥着一定的影响力。综上,有效监管金融元宇宙,政府及法律应将核心技术开发团队、大型"矿工"、主流加密资产交易所和投资机构作为重点监管对象,助推现实世界的权力规训元宇宙系统。

第七节
重点监管阶段的配置与基本原则

加密资产与法币兑换是加密资产流通至关重要的环节,也是加密资产及元宇宙各类数字创造(如在元宇宙的虚拟地块建造别致的虚拟建筑物并以 NFT 形式确权)完成价格发现的渠道。这一渠道的关键载体——加密资产交易所以及 NFT 交易平台已成为金融元宇宙的基础设施。这些载体承担加密资产变现和融资渠道功能,为元宇宙带来资金和创新动力,是投资人的变现途径。因此,政府监管金融元宇宙的重点阶段可置于金融元宇宙与现实世界的链接点——交易者以加密资产兑换法定货币(或现实世界的产品与服务)这一过程。监管机构难以监管金融元宇宙本身,但可对法币与金融元宇宙交互过程施加有效监管。监管机构通过授权合规、严格管控的中心化交易所/平台,创新探索实施特定加密资产"上市"和"退市"制度试点,间接将金融元宇宙纳入监管范围。在监管机构指导下制定交易所业务和技术标准通用规范、职业道德规范,强化各类审查制度,包括严格的用户身份识别机制、反洗钱机制、交易所网络安全标准及交易资金合法性来源审查等,处罚违法的交易平台。

在2022年4月，杭州互联网法院审理原告奇策公司与被告某科技公司侵害作品信息网络传播权纠纷一案，当庭判决某科技公司删除涉案平台发布的"胖虎打疫苗"NFT作品，同时给予奇策公司相应赔偿，此案被称为"元宇宙侵权第一案"。此案通过外部法律监管，赋予平台注意义务等方式强化其法律责任。经由监管中心化交易所／平台，监管机构推动金融监管法律体系与金融元宇宙链接，使现实世界的法律向虚拟时空传递。对初始意图即为明确对抗审查与监管而生的加密资产，比如零币、门罗币等隐私币，监管机构可直接要求交易所不得交易此类资产，限制金融元宇宙潜在风险，如洗钱等。去中心化交易所无特定法律主体，允许用户保持匿名状态和抗审查，不必将现实世界真实身份与交易或账号联系，为金融元宇宙用户借机进行违法犯罪，如洗钱等行为提供便利。不过，目前去中心化交易所影响力较有限，交易量不可与中心化交易所同日而语，但其运行特点挑战监管者能力，将成为监管者下一步监管的对象。在去中心化交易所成长壮大前，应大力鼓励受监管的中心化交易所吸引大部分投资者，使现实社会的法律与金融元宇宙链接。中心化交易所不失为监管对象的首选。

为提高效率，各类去中心化应用在治理机制方面不可避免地有"再中心化"特色，并非绝对"不可监管"。近年多数去中心化应用表层采取"去中心化"治理模式，项目迭代、参数变动及项目"财库"的代币调用等依靠社区投票表决。持有去中心化项目发行的治理代币数量决定了投票权权重，然而，大量治理代币主要集中在核心代码开发团队、早期投资机构或应用项目重要参与者手中。比如 Uniswap 在 2021 年 6 月就旨在设立为监管政策制定者普及、推动 DeFi 而筹款的基金，以投票的方式通过由 Uniswap 财库拨款 100 万枚 UNI 以运作该基金的提案。该提案投票过于集中，有明显中心化倾向。在实践中，寡头式治理比大众共治具有更高效率，尤其是应对金融风险及时做出决策是去中心化项目存活的关键。这些因素决定中心化治理色彩将是常态。因此，元宇宙"去中心化金融以中心化方式治理"的悖论，为监管提供了良途。

金融元宇宙尚在发展形成中，应对创新者与监管者之间可能产生的对立情绪和立场有所警醒，其间应设定合理创新与监管博弈的空间。正常创新与监管博弈有益于理性地发展金融元宇宙。美国法学教授凯文·韦巴赫（Kevin Werbach）认为："在比特币行业快速发展的地区，监管机构不可避免地面临两难选择。他们过早行动，在没有正当理由情况下会使新技术受到旧规则的约束，就有可能扼杀创新或将其推向其他司法辖区。但如监管者观望时间过长，公众将受到损害，到时候对已经存在且重大的行业提出监管要求的成本将会更高。"区块链技术、虚拟货币在金融科技领域深受关注，各国展开的制度竞争越发激烈。2022 年 3 月，美国公布《数字资产行政命令》，强调将在数字资产创新和治理中继续发挥领导作用，首先将保护美国消费者、投资者和企业的政策目标放在首位，然后强调维护美国和全球金融稳定，降低非法金融和国家安全风险，负责任地引领创新，强化美国在全球金融体系、技术和经济竞争力方面的领导地位。2022 年 4 月，英国财政部经济部长约翰·格兰（John

Glen）在金融科技周的创新金融全球峰会上发表演讲，表示会对加密资产市场给予充分的政策和法律支持。

这表明世界经济体大国希望通过有效监管实践，在虚拟货币全球治理中发挥领导作用。方流芳教授的晚清对外贸易史及公司制度史的经典研究充分证明，国与国之间竞争的核心是制度间的竞争。在当前国际竞争背景下，发挥政策与制度优势，提升我国在金融元宇宙乃至金融科技领域的国际竞争力，具有紧迫性和必要性。监管的内涵不仅是约束和禁止，也包括激励与促进。政府不应仅考虑为抑制风险而行使监控的权力，还应考虑如何适当利用法律与政策来促进元宇宙玩家创造力的发挥，推动虚拟空间数字财富增长。近十年来，金融科技等领域的中国监管政策存在"一抓就死，一放就乱"的治乱循环，易增加社会成本、打破市场主体预期。作为金融科技与数字经济时代的创新代表之一，中国对金融元宇宙应设定包容的监管原则，对金融元宇宙创新及难免致生的风险适度包容，在控制风险底线、保障用户合法权益前提下，鼓励金融元宇宙创新。

第八节
监管的几种途径

网络法专家劳伦斯·莱斯格论述监管互联网的四种方式：国家法律、市场、社群规范和架构，这为金融元宇宙的监管方式提供了部分启示。区块链技术及金融元宇宙应用仍处高速发展中，远未定型，一些区块链项目创始人和开发者的任性和随意性程度令人触目惊心。比如，Sushiswap 匿名创始人 Chef Nomi 于 2020 年 9 月 5 日从 Sushiswap 的 Sushi（Sushiswap 项目的数字通证）流动资金池中提取 1300 万美元，套现成以太币，导致 Sushi 市场价格 18 小时内暴跌 73% 以上。第二天 Chef Nomi 突然宣布将自己的项目控制权，即私钥交给加密资产交易所 FTX 的 CEO 山姆·班克曼-弗里德（Sam Bankman-Fried）。

学者王首杰认为，在创新初生期，行政机关承担主导性监管，大多以指导性监管方式展开；在创新成熟期，创新本身的监管问题点充分发酵，可能需要将部分监管内容上升为立法；司法机关则在创新各个阶段承担裁判性监管，作为以上两种监管方式的辅助。随着信息革命的到来，复杂变动的社会事实令指导性监管在整个监管框架内扮演着重要角色。这为监管金融元宇宙提供了参考思路。金融元宇宙处于创新初生期，针对行业风险与问题，监管机构通常承担监管的主导地位，在具体方法上，以非正式指导，如发布技术白皮书、会议讨论和风险提示呼吁等方式，或正式法令、指引，如与技术、代码安全等相关的国家标准，以此影响区块链代码规则、技术安全标准与社区自治规范。比如国家互联网应急中心联合长亭科技、成都链安科技、安比实验室和慢雾科技四家区块链安全厂商，在CVSS2.0漏洞评分系统的基础上，结合大量真实区块链漏洞案例，探索区块链安全规范，联合行业力量，共同起草了可操作、可执行、可量化的《区块链漏洞定级细则》。这些方式有助于引导元宇宙社区自治规范以程序正义方式制定规则和决策，把上述规则和决策转换成代码，然后将这些代码部署到区块链系统和智能合约中，同时监管者应鼓励行业进行事前专业的智能合约安全审计，排查各类漏洞。

首先，政府部门引导企业制定金融元宇宙的技术标准，通过监管技术，间接监管元宇宙的业务与行为。如在工业和信息化部信息化和软件服务业司、国家标准化管理委员会工业标准二部的指导下，中国区块链技术和产业发展论坛发布了《中国区块链技术和应用发展白皮书（2016）》。据《国家标准委关于下达2017年第四批国家标准制修订计划的通知》（国标委综合〔2017〕128号），《信息技术区块链和分布式账本技术参考架构》作为区块链领域首个国家标准获批立项。2020年7月，中国人民银行印发《关于发布金融行业标准推动区块链技术规范应用通知》和《区块链技术金融应用评估规则》(JR/T 0193-2020)。该标准规定了区块链技术在金融领域应用的现实要求、评估方法、判定准则等,适用于金融机构开展区块链技术金融应用的产品设计、软件开发和系统评估。该标准从基本要求、性能、安全性等方面为去中心化金融应用提供客观、公正、可实施的评估规则,保障去中心化金融设施与应用的安全稳定运行,促进去中心化金融应用健康有序发展。不过,中国已有规则主要针对持牌金融机构开发联盟链时设定的标准,表达监管者监管区块链的初步尝试,对公有链影响力较有限。

其次,通过修订法律,提升监管技术,推动金融元宇宙与监管科技结合,主权国家逐渐将元宇宙置于法律监管之下。金融元宇宙稳健发展,需为加密资产和智能合约构建合适的法制框架,包括加密资产及稳定币的法律属性,智能合约的法律地位及其法律救济等。在监管技术方面,多数区块链上的信息透明可查询、可追踪。监管机构在一些区块链安全与数据分析技术公司的协助下,解析诸如比特币或以太坊等的账本数据,追溯定位特定公钥地址与使用者的对应关系,最后揭示当事人的真实身份,打击从事洗钱、传销、违禁品交易及通过病毒软件勒索比特币等行为的罪犯。如美国执法机构曾在2021年通过技术手段,将黑客以勒索病毒获取的比特币赎金成功"夺取"回来。监管机构在区块链安全技术公司帮助下,对一些攻击者(黑客)的相关公钥地址打上标签,一旦这些被"标签"的地址开始转账,系统将自动标记相关交易地址,追踪和监控资金流向,监控目标地址交易,追踪主体信息,锁定犯罪分子。尤其是当用户从虚拟空间进入现实世界的链接点时,如将加密资产兑换为法币，或用加密资产购买现实世界的商品与服务时，其真实身份就会显露出来。加密资产在区块链系统中发送与接收，与传统的网络 IP 地址类似。理论上，监管机构可以跟踪这些 IP 地址，将加密资产流向置于监管范围。

从技术角度看，鼓励元宇宙与区块链内嵌监管科技有一定可行性。姚前、林华等专业人士认为，区块链系统 Polymath 构建了一个帮助资产实现证券化通证的平台，允许个人和机构投资者完成合格投资者认证，系统汇集身份识别（KYC）服务商、法律顾问、技术开发者和投资者，助力完全合规的证券类通证发行，将金融监管的需求嵌入通证的设计中。但是，此类系统的交易量甚为有限。包括曾受美国证券交易委员会鼓励的合规的证券化通证（STO），近年亦未受到主流投资者的关注，逐渐退出大众视野。依托以太坊等区块链系统的金融元宇宙应用正成为行业的主流，内嵌监管科技的元宇宙如何普及，将是未来之挑战。

最后，信息科技巨头基于其强大的技术研发力量，为元宇宙构建提供各种硬件和软件，必然影响金融元宇宙规则的制定，这为现实世界的法律与监管政策监管金融元宇宙提供路径。相关部门可鼓励商业机构进军元宇宙，探索商业应用，在技术标准与代码规则等领域发挥影响力；推动中心化商业机构（也即封闭式元宇宙）与开放式元宇宙融合，影响元宇宙"再中心化主体"，以现实世界的法规塑造开放式元宇宙规则框架；监管机构推动封闭式元宇宙在整个元宇宙规则制定中的话语权，使金融元宇宙与现实世界的法规相协调。比如，鼓励元宇宙去中心化金融与传统金融融合，使传统金融合规业务向元宇宙渗透。正如郑磊博士称,去中心化金融可利用传统金融的资产以合规方式实现扩张,打造虚实结合的数字金融环境。在一些国家,去中心化金融服务已打通虚拟与现实世界。一些加密货币模仿现实金融体系要求,建立资产储备制度,将加密货币等对应一定比例的现实资产与商品。

第九节
监管方式存在的局限

头部加密资产交易所是监管的重要抓手,但存在局限性。反洗钱金融行动特别工作组(FATF)建议监管机构记录加密资产用户的资料,使他们能更好地识别犯罪活动。其在2020年9月中旬的一份报告中指出,将用户交易活动与其个人资料对比,可发现某些危险行为和特征,包括用户是否有犯罪记录,或是否活跃在与非法活动相关的网站和论坛上。监管机构也需要关注用户将比特币或以太坊购买诸如门罗币或零币等行为,后两者会混淆第三方的交易活动。将主流加密资产交易所、加密资产钱包提供者纳入监管范围,有助于减少上述风险。反洗钱金融行动特别工作组在2020年下半年还计划为各国政府制定关于共享虚拟资产服务提供者信息的全球框架,此类提供者包括加密资产交易平台、钱包服务提供者及稳定币发行方。当然,多数加密资产交易所面向全球客户提供金融服务,考虑到各国监管标准差异甚大,单一国家如何有效监管境外交易所,成为时代挑战。反洗钱金融行动特别工作组在2020年9月发布报道称,某知名交易所2017—2020年四度更换总部所在地,以寻求司法管辖更宽松的地区，尤其是在反洗钱与反恐怖融资要求方面。交易所通过全球分布式办公，办公机构与金融业务跨越多个司法管辖区，容易规避特定国家的监管。更进一步，某些境外交易所可能直接注销中国境内关联公司，对中国司法机关的管辖或案件执行造成困难。

在各国监管者呼吁或者压力之下，诸如以太坊核心技术开发人员可能通过提出部分代码修订，使以太坊部分代码融合现代法律规则，但这能否完全收效，尚有待观察。元宇宙与区块链的规范是通过代码监管社群，发挥独立于现实社会法律体系的作用。诸如以太坊等主流区块链背后有影响力巨大的核心技术开发团队，其通常依托于非营利基金会，获取基金会资助。比如，2020年下半年以来，以太坊核心技术开发人员提出以太坊改进协议"EIP-1559"，该协议可能严重影响矿工收益。虽然包括算力排名第一的星火矿池对此提出异议，但星火矿池方面并无更多实质性反对举措。核心技术开发群体对以太坊有着足够号召力，与之背道而驰可能吃力不讨好。以太坊发展史说明，因"DAO事件"而导致原以太坊分叉后，部分矿工主导的以太坊旧链（ETC）的市场价值远不如核心技术开发者主导的以太坊新链（ETH）。至2021年6月，新链与旧链对应的虚拟货币市值，ETH流通市值约3 200亿美元，ETC流通市值约70亿美元。核心技术开发团队在元宇宙及区块链发展方面拥有很大话语权和影响力，因此，技术团队负责人可以被纳入法律监管的范围。

不过，这种监管意图可能会部分落空。其一，代码规则和智能合约内容涉及大量机器语言，内容极为复杂，难以事先审查。政府全面监管一国范围内所有代码开发人员，一是增加巨额监管成本，二是直接阻碍区块链与元宇宙技术创新。其二，一些代码开发者一开始即有意隐匿真实身份，如"中本聪"，致监管失效。其三，大多数具有世界影响力的区块链和元宇宙项目创新应用的核心代码开发者多分布在欧美等发达国家。无论是主流共识算法，还是跨链、侧链等拓展技术或金融元宇宙重要生态，基本由国外技术团队主导。对中国监管机构而言，监管境外核心技术开发人员可能力不从心。其四，多数核心技术开发团队组织并非固定法律实体，而是松散组织，开发者随时可自由加入或退出团队。这种自治组织形式的运作遍布不同司法管辖区内，没有董事会或经营者这样的公司管理层，通过民主参与、代码规则、算法与分布式共识管理，使用智能合约收集成员投票。组织成员使用代码和智能合约管理事务，智能合约设定的条款至高无上，用代码规则而非法律文件界定成员间的权利和义务。这种自治组织作为协调全球投资和社区治理的模式，可用于包括管理区块链项目运营和资本运作等许多方面，此运营特色对中心化的监管方式造成障碍。

中国近年推动的区块链产业多依托联盟链，但公共区块链无须信任、完全开放和容错下的安全和性能挑战要求的技术水平更高，区块链最顶尖的原创性技术及金融元宇宙都集中在公共区块链，而具有全球影响力的技术开发者主要分布在欧美国家，开发者更易受欧美尤其是美国法律与监管机构监管。技术发达国家的法律和监管政策借助金融元宇宙应用普及，将其监管意图推广和渗透至全球。

诸如为限制加密资产对市场的影响，2019年6月反洗钱金融行动特别工作组实施旅行规则，旅行规则是美国银行保密法案的延伸，其要求交易双方必须出示各自身份。反洗钱金融行动特别工作组要求在2020年6月30日后全部交易所都必须遵守旅行规则，不遵守旅行规则的单位被列为黑名单，视为洗钱单位。在2020年6月30日，最终大部分交易所都注册并遵守旅行规则。

如特定区块链系统大部分核心技术开发团队或系统全球算力的51%以上集中在某一国家，该国政府可以通过监管技术开发团队或"矿工"（大型验证者）的方式，部分监管金融元宇宙。比如，迫于监管者压力，技术开发团队和"矿工"同意修订某些区块链底层协议，但也可能带来巨大代价。一是此种行为成本高昂，诸如对比特币新区块的修订，要汇集比特币系统算力的51%以上，其成本或将近百亿美元；二是这将大幅度降低区块链和元宇宙极高的技术信用，直观表现就是相关币价可能暴跌，元宇宙加密资产甚至有归零风险，严重侵害全球合法持有者的权益，可能招致全球投资者国际诉讼风险，这将使监管机构对此种监管投鼠忌器。

最后，金融元宇宙经历着"去中心化"——"再中心化"——"再去中心化"的演化，加剧"不可监管性"，导致金融监管法律体系与代码规则间的紧张关系。以MakerDAO为例，治理在其生态系统中有着重要角色，但通证持有者投票治理过程漫长，为此，几个核心参与者小组确保治理的运行，再加上其质押资产近一半的比例为中心化的美元稳定币USDC，这为现实社会法律监管创造了机会。不过，这一中心化治理风险为更加去中心化的治理模式——借贷协议 Liquity 提供了机遇。Liquity 系统选择无人为治理的模式，Liquity 协议参数要么一成不变，要么完全由算法控制，质押资产则是极具去中心化特色的以太币。Liquity 系统的借贷费和赎回费由数学决定，让交易者信任代码按承诺执行——算法、代码和数学的信用取代了人的信用，因此，特定主体的人为因素在系统运行中被降到极致。

作为早期成功的风险投资机构，Andreessen Horowitz（业界简称"A16z"）持有 Compound、Uniswap 等去中心化金融项目的大量通证。A16z 建立授权计划，将这些代币半数以上的投票权委托给非营利组织、德国电信等全球企业、加密初创公司及崭露头角的社区领袖，被委托人可以合适的方式独立于通证持有者进行投票。授权计划降低了 A16z 在 Compound、Uniswap 等项目中投票权过度集中的状态，在保证投资机构赢利的前提下，淡化自身在上述项目治理机制中的中心化角色，这是典型刻意的"再去中心化"。金融元宇宙"再去中心化"，本质是"可监管性"向"不可监管性"转型。

近年一些诉讼表明，一些区块链系统私权力主体试图规避／抵制在现实社会承担法律责任的要求。比如，美国证券交易委员会（SEC）认为瑞波（Ripple Labs）公司未证券注册，擅自发行加密资产，向当地法院提起诉讼，要求瑞波公司承担《证券法》相关责任。"豪威测试"四要件为监管机构判定加密资产是否属证券的标准：（1）是否存在现金投资；（2）是否投资于共同事业；（3）是否存在对投资利益的期待；（4）是否依赖第三方的努力获得利益。加密资产发行满足上述标准，将被认定为具有"投资合同"性质，应遵照美国联邦《证券法》。针对SEC的起诉，瑞波公司认为瑞波币价格波动主要由二级交易市场决定，投资者并非依赖瑞波公司（中心化主体）努力获益，因此瑞波币不符合"豪威测试"第四项要求。瑞波公司声称其在瑞波币价格影响方面居于边缘角色，这与事实并不相符。区块链项目开发者精心构建代币系统，力图向法院证明其发行的代币不符合"豪威测试"标准，以规避《证券法》约束。

权力即责任，权力越大，责任越大。元宇宙中心化主体"再去中心化"，试图规避现实社会责任，形式上避免成为中心化权力来源。知名区块链系统创始人及近年一些知名去中心化金融应用创始人保持匿名，使区块链和元宇宙"不可监管"。

小 结

　　区块链为元宇宙提供去中心化金融业务的技术基础，金融元宇宙逐渐成长为与传统金融平行的新体系，各种应用组合形成高度创新的生态，客观上出现元宇宙与政府在争夺虚实空间的控制权和治理权，固有金融监管法律体系难以完全适用。现实社会法律与监管规则尝试监管这种新业态时，需从金融包容角度思考。如西南政法大学杨玉晓教授说："对区块链金融衍生品法律评价应多元，不能因其可能诱发犯罪就不赋予其合法地位，对其评价要考虑未来技术发展需要，要考虑对我国实体经济是否能产生促进作用，要考虑相关行为是否具有严重的社会危害性等诸多因素。虽然政府曾多次出台相关文件规范加密资产，禁止金融机构开展与比特币相关的业务，但是政府的这种政策性叫停并未从本质上解决问题，只有良好的法律才能为其发展提供强有力的保障。"[①] 我国当下在虚拟货币领域采取的"禁令型"监管是暂时的政策选择与监管观望，后续有必要持续探索更加符合金融科技风险特征的治理机制。金融元宇宙尤

---

① 杨玉晓.区块链金融衍生品刑法规制研究［J］重庆大学学报（社会科学版），2020（6）：134.

如空气般弥散于世界，打破市场、企业、社会和国家的界线，自生代码体系和法律制度相对独立，但其并非不可监管，原因是金融元宇宙"再中心化"——核心代码开发者、头部加密资产交易所、大型"矿工"（验证者）和主流投资机构等私权力主体掌控元宇宙。金融元宇宙突破传统金融业态，使金融监管法律体系不得不回应和重构，同时其底层技术架构决定特定国家法律监管存在困难，需要监管者重点厘清可监管对象，提升监管科技水平和监管能力，依托国际政府组织，推动金融监管国际协作，同时充分理解当前监管方式的局限。

05 第五章
Chapter 5

金融元宇宙数字藏品案例和
七方共赢模型

360行，行行皆可元宇宙。金融元宇宙就是融合了金融技术、区块链技术、3D交互技术、游戏化技术、人工智能技术、网络计算技术和物联网七大技术所构造的新的虚实结合的数字金融新业态。

金融元宇宙的生态也是建立在DAO分布式链组织、数字货币和数字资产基础之上的。众所周知，任何一个经济生态都要有适应自己的组织模式和激励方式，比如政府是靠机构和权力，公司靠管理和薪酬，而元宇宙就是靠建立在区块链智能合约基础上的DAO，也就是参与者的分布式成长机制和由Token完成的激励分配机制。

元宇宙中的价值衡量尺度与现实世界的价值衡量尺度是不同的，在传统的公司制体系中，传统公司依靠产品的稀缺性、营业额、利润、成长性等要素衡量价值，而在元宇宙中依靠DAO社群链组织中的共识和认同衡量价值。

元宇宙中的社会经济系统是由区块链技术来完成的，区块链的本质是虚拟与分布、融合与共赢，通过分布式账本记账、通证、智能合约等这些先进的区块链技术工具，可以设计出一种多方共赢机制，把所有的股东、管理层、员工、客户、供应商、代理商、服务商等都绑定到一条船上，极大地激发组织和生态的活力，这跟传统的公司制相比是质的提升。

我们如何参与全球的金融元宇宙竞争？如何实现金融在数字时代的传承和创新？如何用金融元宇宙赋能实业、服务企业？如何实现多方共赢？如何让数字藏品这一新生事物能够得到健康成长？在这一章，我们分享一些国内外数字藏品的实践案例，来对此进行探索。

第一节
金融元宇宙数字藏品案例

The Sandbox[①]

The Sandbox 是 2012 年由 Pixowl 工作室发布的一款游戏，2015 年在软件和游戏平台 Steam 平台上发布了 PC 版本，起初它并没有涉及区块链技术。2018 年，The Sandbox 被游戏公司 Animoca Brands 收购，开始转向区块链和 NFT，用户可以 NFT 的形式拥有该游戏世界的一部分资源。以土地为例，每个地块都是一个 NFT，用户在拥有一块虚拟土地之后，可以在地块中开发自定义内容，包括互动游戏、虚拟会议空间等，着手打造属于自己的元宇宙，同时用户也可通过它们来获利。The Sandbox 也为用户提供了可视化开发工具和 NFT 交易市场，用户使用开发工具创建作品后，可随时随地导出，并放在 NFT 市场销售。

[①] Andrew Hayward, "What is The Sandbox?The Ethereum NFT Metaverse Game", Apr 27,2022, https://decrypt.co/resources/what-is-the-sandbox-the-ethereum-nft-metaverse-game

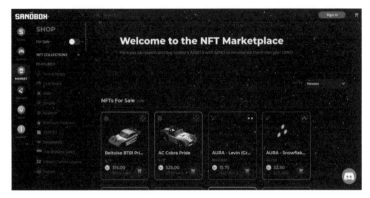

图 5.1　The Sandbox 中的交易市场页面

资料来源：The Sandbox 官方网站。

The Sandbox 目前仍处于测试阶段，但其 NFT 已经销售了很多年。The Sandbox 会不定期举办虚拟土地销售会，让潜在的参与者和投资者从一级市场购买，同时其他用户也可在二级市场购买土地和其他资产。目前，在最大的 NFT 市场 OpenSea 中已有 100 000 块土地列出交易。

The Sandbox 的原生代币为 $Sand，于 2020 年夏天首次上市，可以让用户在虚拟世界中买卖土地和其他资产，用户也可在玩游戏的同时赚取通证，并且持有该通证的用户可对影响游戏未来的决策进行投票。$Sand 有 30 亿个通证的硬性上限，其初始分配为开发团队、顾问和公司储备金占 55%，非营利组织 The Sandbox Foundation 占 12%，剩余 33% 捐赠给投资者。

在过去几年的运营中，The Sandbox 积累了众多合作伙伴，包括一些明星与知名企业，如明星史努比·狗狗（Snoop Dogg）、帕丽斯·希尔顿，知名企业如阿迪达斯、古驰、史克威尔（SQUARE）

等。史努比·狗狗推出了1万个基于他头像的NFT；古驰与玩具设计和数字藏品娱乐品牌Superplastic合作，推出了一系列NFT。

OpenSea[①]

OpenSea创立于2017年11月20日，有两位共同创办人德温·芬泽（Devin Finzer）和亚历克斯·阿特拉（Alex Atallah）。它是一个类似于亚马逊、eBay的销售平台，只是列出的物品都是NFT形式的数字藏品，用户可以在OpenSea铸造、购买和出售这些数字藏品。由于平台是去中心化的点对点交换，因此用户可以无须信任的方式直接相互交易，同时OpenSea会从每笔交易中抽取2.5%的分成。目前，该平台提供以太坊、Polygon、Klatyn这些区块链平台之间的跨链支持。

图5.2　OpenSea主页面

资料来源：OpenSea官方网站。

[①] Zoltan Vardai, What is OpenSea and why is everyone talking about it?, January 28,2022, https://forkast.news/what-is-opensea-nft-marketplace/

在 OpenSea 上，创作者可以免费铸造 NFT，无须在以太坊上支付费用；购买者可通过价格、状态、原生区块链和每个代币的稀有度进行过滤查找，还可查看每个 NFT 的购买历史，包括它被卖出去多少次，是谁买了它以及它的价格。OpenSea 简单便捷的交易操作和 NFT 铸造流程，使人们进入 NFT 的门槛降低了很多，这也是其广受欢迎的主要原因。

2022 年 1 月，OpenSea 完成了由加密投资基金 Paradigm 和对冲基金 Coatue 领投的 3 亿美元 C 轮融资，其平台估值提升至 133 亿美元，而此前 OpenSea 也曾创下 35 亿美元的月交易量纪录。到目前为止，OpenSea 是 NFT 最大的交易平台。

Decentraland[①]

自 2015 年起，阿根廷人阿里（Ari Meilich）和埃斯特班（Esteban Ordano）着手开发 Decentraland，于 2017 年推出，2020 年 2 月正式开放。它是一个基于浏览器的 3D 虚拟世界游戏平台，用户可以通过以太坊区块链的加密货币 MANA 购买平台上的虚拟土地作为 NFT，还可以创建场景、设计并交易其他 NFT，如各种服饰、配饰等。Decentraland 为用户提供了一个 NFT 二级交易市场——Maketplace，与其他 NFT 交易平台相比，它的门槛较低，使玩家更容易接受。曾经有用户在上面创建了一双 NFT 鞋子，售价达 1.8 万美金。

---

① John Awa-abuon, "What is Decentraland（MANA）?Is it the same as the Metaverse?", JAN 30,2022, https://www.makeuseof.com/what-is-decentraland-mana-metaverse/

第五章 金融元宇宙数字藏品案例和七方共赢模型

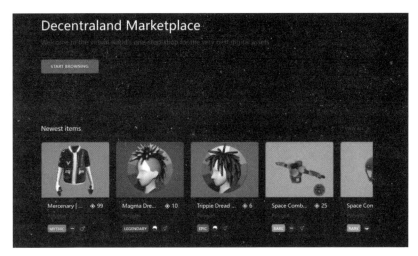

图 5.3 Decentraland 中的交易市场页面

资料来源：Decentraland 官方网站。

与尚未完全开放的 The Sandbox 相比，Decentraland 的可玩性更强。用户可在场景中嵌入自己设计的 NFT，以吸引其他用户参与，从而提高 NFT 的曝光率，此外还可以嵌入外部链接，如 Twitter、Youtube 等，起到为自己宣传的作用。

Decentraland 在 2017 年的首次代币发行（ICO）中筹集到 2 600 万美元，当时数字土地地块的售价为 20 美元，代币 MANA 的售价为 0.02 美元。2021—2022 年，很多知名品牌都加入到 Decentraland 中，或在其中购买"物业"，包括三星、阿迪达斯、雅达利等。著名珠宝藏品经纪商 Sotheby 还举办了首届元宇宙拍卖会。2022 年 3 月，Decentraland 举办了元宇宙时装周，包括 D&G、雅诗兰黛等时尚品牌纷纷亮相。

259

Fidenza by Tyler Hobbs[①]

2021年6月,生成艺术家泰勒·霍布斯(Tyler Hobbs)的标志性项目*Fidenza*系列数字艺术品在NFT平台Art Blocks上首次发布。该项目的作品由霍布斯设计的算法随机生成,具有丰富的彩色方块和曲线。*Fidenza*系列共拥有999个作品,以0.17ETH(当时约400美元)的价格铸造,之后又以0.58ETH的价格出售。仅仅10周后,它们在二级市场如OpenSea上以高达1 000ETH(约合350万美元)的价格进行交易。

*Fidenza*系列作品的收入,在霍布斯和Art Blocks之间以9:1的比例分配。在二级市场,主要是OpenSea上,他的作品还带有预编程的10%佣金,据估算,共有8 500万次的二手销售,霍布斯赚取了约超过400万美元的佣金。

由于*Fidenza*的代码存在于区块链上,所以任何人都可以使用它来创建类似的作品。但由于*Fidenza*的编号仅限于999个,它的盗版不会获得艺术家的"签名",因此,霍布斯不用担心假货问题。霍布斯目前允许业主订购*Fidenza*的印刷品,但仅限一份,同时收取600美元的印刷费用。

---

① Elias Ahonen, "Fidenza: Tyler Hobbs wrote software that generates art worth millions", September 13, 2021, https://cointelegraph.com/magazine/2021/09/13/fidenza-tyler-hobbs-wrote-a-program-to-make-art-that-is-now-worth-millions

第五章　金融元宇宙数字藏品案例和七方共赢模型

图 5.4　*Fidenza* 系列中的一幅作品

资料来源：Tyler Hobbs 个人网站。

《湖广铁路债券：辛亥革命的导火索》数字藏品

湖广铁路债券的发行是中国金融发展历程中具有重要意义的事件，是中国近代铁路建设、金融制度建立和社会政治变革的重要标志。金融博物馆推出的《湖广铁路债券：辛亥革命的导火索》是"金融里程碑系列数字藏品"中的首枚数字藏品（见图 5.5）。

261

图 5.5 《湖广铁路债券：辛亥革命的导火索》数字藏品

1911年，清政府向英法德美四国银行团借款修筑湖广铁路，征收川汉、粤汉铁路为国有。四川民众群起抗议的保路运动直接引发了辛亥革命，结束了清朝政权。这是金融导致社会变革的重要事件，在中国和国际社会具有广泛影响。1979年，持有湖广铁路债券的几个美国人在美国地方法院提起诉讼要求中国政府偿还本息。1983年，中国领导人会见来访的美国国务卿，要求美国政府予以制止，随后美方法庭驳回原告的诉讼请求。从此，流传稀少的湖广铁路债券成为珍贵的金融藏品。

《湖广铁路债券：辛亥革命的导火索》数字藏品在 3D 元宇宙数字藏品商店上线后，在 30 分钟内被抢购一空，说明了数字藏品藏家对数字金融藏品的热情和喜爱。

《工字银元》数字藏品

在发行了《湖广铁路债券：辛亥革命的导火索》数字藏品之后，金融博物馆又发行了《工字银元》数字藏品（见图 5.6）。

"工字银元"是中国共产党领导下，红色革命根据地发行并流通的第一种金属货币。

图 5.6 《工字银元》数字藏品

1928 年，毛泽东率领中国红军在井冈山建立第一个红色革命根据地，同时筹建红军造币厂，铸造发行了工字银元，工字银元即在当时市面流通的各种机制银元上加刻"工"字印记，使之成为由红色政权发行的货币。有了"工"字银元和红军造币厂，红军随即建立东固平民银行，恢复贸易市场，这些措施开启并成为中国共产党红色金融的源头。工字银元被红军较多使用，流通于湘赣边界的革命根据地及周边地区。

工字银元在市面流通量较少，长征后许多又被回收熔解，目前市面留存多为仿制品，真品极为珍贵。作为红色金融的实物IP，井冈山革命金融博物馆特别邀请海外艺术家二次创作，在历史沉积中加入现代元素，成为博物馆在中国共产党建党百年之际，赠送来访嘉宾的纪念珍品。工字银元对中国共产党、中国工农红军、中国革命以及红色金融都具有开天辟地的意义。

当年毛泽东和工农红军依靠红色金融创办了红色根据地，红色金融的本质也是金融生态，其动脉就是红军、群众和工字银元，用今天的数字金融生态的话术来说，就是DAO社群链组织和NFT数字资产。只不过今天的金融科技和基础设施更加先进和完备。

《湖广铁路债券：辛亥革命的导火索》数字藏品作为典型的金融数字藏品和《工字银元》作为红色金融的第一个3D显示效果的数字藏品，其历史价值、社会价值、文化性、艺术性和稀缺性无疑都是具有重大意义的。在正式上线之前，授权方井冈山革命金融博物馆、出品方金博文化、发行方上方正版桥、平台渠道方3D元宇宙非常慎重，确定首先在小范围进行数据测试，在取得测试数据和实际运营经验后，进一步优化数据模型和DAO社群链组织的激励分配机制，然后再次进行测试和实验，逐渐优化完善。

两份藏品的发行数量依次递增，藏品零售价均为49.9元，参与实验的成员为3D社群的部分成员和部分金融元宇宙数字藏品的爱好者。

《湖广铁路债券：辛亥革命的导火索》发行数量为518份，出品方预留50份，共发行468份。

《工字银元》数字藏品发行数量为 5 000 份，第一次发行为 2 000 份，之后如何发行尚需根据实验数据结果确定。

两次发行的实际数据统计结果如表 5.1、5.2、5.3。

表 5.1　发行实际数据

项目	数量	占比
客单数	360 个	—
参与人数	274 人	—
社群新会员	67 人	24.45%
社群老会员	207 人	75.55%
购买数量	795 个	—
最多购买	60 个	—
最少购买	1 个	—

表 5.2　合并平均购买人数分析

用户分类	占比
大于等于 10	6.57%
5—9	8.39%
3—4	11.68%
2	21.90%
1	51.46%
合计	100.00%

表 5.3　合并平均购买数量分析

用户分类	占比
大于等于 10	37.86%
5—9	15.85%
3—4	13.46%
2	15.09%
1	17.74%
合计	100.00%

从两次发行的数据结果看,《湖广铁路债券:辛亥革命的导火索》和《工字银元》数字藏品的用户群体高度重合;参与的社群成员老用户和新用户的比例大约为 3∶1,也就是 3/4 和 1/4 的关系;同时持有两种藏品的用户占 26%,74% 的人只持有一种,说明社群对金融元宇宙的共识和社群数字金融的共识机制没有建立起来,大部分人还是为买藏品而买藏品。

从购买数量金额上看:《湖广铁路债券:辛亥革命的导火索》20% 的人占总销售数量和金额的 60%,30% 的人占总金额的 75%,70% 的人只占总金额的 25%;《工字银元》10% 的人占总销售数量和金额的 45%,20% 的人占总金额的 60%,80% 的人占总金额的 40%,占 20% 以下的大户是购买的主体和主力军。

根据两次发行的结果,发行方做出了两种数字藏品的分析报告,建立了《金融藏品元宇宙》工作组,并提出了"七方共赢"改进方案。

第二节
《金融藏品元宇宙》"七方共赢"改进方案

《金融藏品元宇宙》"七方共赢"改进方案中强化了DAO社群链组织的作用,采用DAO社群链组织和数字藏品NFT双轮驱动。首先,以《湖广铁路债券:辛亥革命的导火索》和《工字银元》数字藏品的藏家为基础,建立数字金融DAO链组织。DAO链组织包括核心DAO与会员DAO。在这个社群中,建立数字金融的共识和共识机制。

两次数字藏品发行的参与方只有五方,分别是授权方、出品方、发行方、平台方和消费购买方。

改进的方案将现有的4+1的五方共赢共享,变成4+3的七方共赢共享,也就是原来的授权方、出品方、发行方、平台方不变,消费购买方由一方变成三方,即在社群中增加了社群组织方和社群推动方,形成授权方、出品方、发行方、平台方、社群组织方、社群推动方和消费购买方七方,然后七方形成利益共同体,重建以共赢共享为基础的七方利益分配机制。七方形成利益共同体后,在DAO社群链组织中改变生产关系,改善利益分配机制和共赢共享关系。

具体措施包括在 DAO 社群中围绕数字金融开展共识、共创、共生、共养、共治、共玩、共赢、共享"八共"活动,建立共识机制、激励机制、分配机制和变现机制,以数字金融 DAO 成员为基础进行发展扩大。

在现有的《湖广铁路债券:辛亥革命的导火索》和《工字银元》数字藏品的基础上增加数字权益,然后进行赋能,赋予数字藏品增值权益、分红权益、空投权益、优先购买权益、提案权益、投票权益、数字身份地位权益、参加数字金融专题会议与培训等权益。

七方共赢模型 1:7 方按照动态比例分配

按照表 5.4 中的比例分蛋糕:如果把利益分成 10 份,授权方、出品方、发行方、平台方各占 1.5,总比例是 6;社群组织方占 1、社群推动方占 1、消费购买方占 2。

表 5.4 七方共赢模型 1 分配比例

共赢 7 方	分配比例
授权方	15%
出品方	15%
发行方	15%
平台方	15%
社群组织方	10%
社群推动方	10%
消费购买方	20%

第五章 金融元宇宙数字藏品案例和七方共赢模型

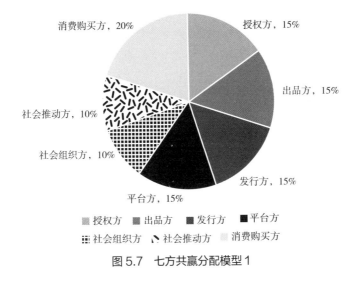

图 5.7 七方共赢分配模型 1

七方共赢模型 2：固定收益 + 动态比例

1. 授权方、出品方、发行方、平台渠道方固定收益保底 + 动态分成。

2. 社群链组织的三方：组织方、推动方和藏品投资消费方全部动态分成。

"固定收益保底 + 具体数额"四方可以协商。

比如：授权方、出品方、发行方、平台渠道方固定收益保底为 10 000 元，然后，40% 动态收益（各自 10%）给这四方，60% 分给社群三方（例如：组织方 15%、推动方 15%、藏品投资消费方 30%）。

269

表 5.5 七方共赢模型 2 分配比例

共赢七方	分配比例
授权方	10%
出品方	10%
发行方	10%
平台方	10%
社群组织方	15%
社群推动方	15%
消费购买方	30%

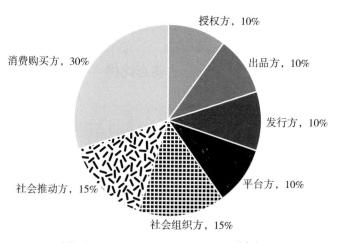

图 5.8 七方共赢分配模型 2

七方约定,两个七方共赢模型以后在《金融藏品元宇宙》系列数字藏品发行不断的实践中进行优化。参与《金融藏品元宇宙》系列的七方达成共识后,以共同利益为基础,按照"八共"(共识、共创、共生、共养、共治、共玩、共赢、共享)形成利益共同体,改革旧的生产关系、生产方式和模式。

金融元宇宙是一个活的行为艺术和数字金融科技创新活动，是七方甚至更多方的融合共赢。在元宇宙中，进行组织方式、生产关系、生产方式等多种形式的创新实验，具有非常大的现实意义和历史意义。

这些实践活动得到的数据可以给我们带来新的思考、观察和改进的机会及解决方案，可以实现元宇宙数字虚拟世界和现实世界的互动共生。数字文明时代和数字社会的到来，将使现实世界中的每个人，或许在现在看来是无能无用的人都获得数字机会、数字资产和数字财富，从而获得数字身份、数字地位和数字尊严。

未来已来。道可道，非常道。或许在金融元宇宙的实践过程中，最大的"道"就是"不知道"。让我们在新的数字大航海时代，不被无知、傲慢和偏见所左右，驾驶着"DAO"字号数字航船扬帆起航，在数字海洋中冲破重重迷雾，躲开座座冰山、处处暗礁，劈波斩浪，勇往直前，顺利到达金融元宇宙的新世界，借助元宇宙数字虚拟新世界的种种法力解决现实世界无法解决的种种问题。

附录一

金融博物馆元宇宙的探索与应用

金融博物馆一直密切关注金融科技的研究与发展,长期致力于推动科学技术在金融领域的应用,特别是集区块链(Blockchain)、人机交互(Interactivity)、电子游戏(Game)、人工智能(Artificial intelligence)、网络及运算(Network)、数字孪生(digital Twin)六大技术(简称 BIGANT,"大蚂蚁")的元宇宙技术的应用。

金融博物馆元宇宙的探索

捷克当地时间 2022 年 8 月 24 日下午 12:30,国际博协在布拉格现场和线上同时召开了特别全体大会。会上经各国家委员会、国际委员会和地区联盟代表投票确认了新修订的博物馆定义。包括中国在内的一百多个国家的专业学者参与促成了此次定义的修订。博物馆最新定义如下：

博物馆是为社会服务的非营利性常设机构，它研究、收藏、保护、阐释和展示物质与非物质遗产。它向公众开放，具有可及性和包容性，促进多样性和可持续性。博物馆以符合道德且专业的方式进行运营和交流，并在社会各界的参与下，为教育、欣赏、深思和知识共享提供多种体验。

金融博物馆自成立之初就一直深耕文博事业，不断地探索和丰富博物馆的内涵。收藏型的博物馆是1.0版本的博物馆，它以文物＋展板等传统展陈手段为代表；观念型的博物馆是2.0版本的博物馆，它以音视频等多媒体展陈技术为代表；场景型的博物馆是3.0版本的博物馆，它以元宇宙技术为主要展陈技术，将博物馆馆藏文物全面数字化、智能化、可交互化，为观众打造如身临考古发掘现场般的感受和体验。

金融博物馆与知名高校、科研院所建立了密切的交流与合作，共同致力于元宇宙技术的研究与应用，同时金融博物馆还与监管机构密切合作，共同推动元宇宙行业的规范发展，鼓励元宇宙在实体经济中的场景应用，防范金融风险，促进国内元宇宙业界与全球同行的交流。金融博物馆与北京、上海、浙江、深圳等地金融监管部门建立了良好的互动交流，共举办了十六次与监管机构的内部恳谈会和几十次相关年会与论坛，几千人现场参加，逾百万人线上参与互动。

金融博物馆专委会在2017—2020年连续四年组织中国区块链代表团参加瑞士达沃斯论坛，发布行业白皮书，获得达沃斯区块链创新奖。金融博物馆也获得了达沃斯公益创新奖。中央电视台在达沃斯两次专访金融博物馆代表团。

金融博物馆联合各博物馆友好单位共出版了十几本专业与普及书籍，其中《区块链：重塑经济与世界》《区块链与新经济》《图解区块链》《极致金融》《元宇宙三部曲》等著作已经成为十几次印刷的畅销书。博物馆在喜马拉雅平台推出的《区块链大师课》订阅量超过百万，成为区块链与元宇宙领域的热门科普教程。

金融博物馆与元宇宙相关的应用

元宇宙展览

"金融科技博物馆"是全球首家以金融科技为主题的博物馆，位于北京市海淀区，前身为互联网金融博物馆，2015年5月18日开馆，2019年12月6日正式更名为"金融科技博物馆"。博物馆展示面积2 000平方米，是集金融创新、金融科技和金融文化社区三位一体的公益博物馆。金融科技博物馆通过声、光、电、影、物等形式，连接金融科技的历史与未来。以"我们的新金融""金融科技的来龙去脉""区块链的创新与应用""金融科技体验区"等展厅，客观呈现全球金融科技发展历史与未来趋势。博物馆定期举办"江湖沙龙""博物馆下午茶""金融科技沙龙""金融科技大讲堂""金融科技恳谈会"等活动，建立政府与行业、资本市场之间的桥梁，分享最前沿的金融科技信息；博物馆提供各种专业培训、讲演和路演场所，同时为金融科技企业成功发起、融资、并购和上市举办隆重的鸣钟仪式。

除了科技金融博物馆这类专题博物馆展示金融科技与元宇宙展览外，金融博物馆还在北京国际金融博物馆、上海金融科技博物馆、井冈山革命金融博物馆等多个馆内都设有区块链和元宇宙专题展览，展示区块链与元宇宙的产生、发展及应用。展览免费向公众开放，截至 2022 年 6 月累计参观人数逾 40 万人，受到社会各界广泛好评。

2020 年初，受新冠肺炎疫情影响，为了方便广大观众参观，武汉金融博物馆首次尝试在线举办开馆仪式。开馆当天，百余名政商学界大咖纷纷通过视频或信件参与仪式，超过 700 万观众线上看展和参与互动，这是金融博物馆展陈方式由线下转入线上的一次重要尝试。2020 年 6 月 12 日，"第五届中国金融启蒙年会暨金融博物馆十周年庆"活动成功在线上举办，博物馆邀请各行业翘楚为广大观众奉献了一场集金融、文化、科技于一体的视听盛宴，活动联合新浪财经、搜狐视频、头条财经、腾讯财经、网易财经、抖音、百度、西瓜视频等各大网络主流媒体平台进行全网直播，实时约 300 万人次在线观看。2022 年 5 月 18 日，时值世界博物馆日，13 家金融博物馆正式全面上线。广大观众可在线参观各金融博物馆的主题展览，活动当天共超过百万观众线上观展，在业界引起巨大反响。虽然线上展览、线上培训、线上论坛等博物馆活动还属于相对初级的博物馆元宇宙形式，但它打破了传统线下活动时间和空间的束缚，可以在资源相对有限的情况下，将博物馆的影响力发挥到最大。几次线上展览的尝试，越来越让金融博物馆的工作人员意识到线上活动比传统的线下在传播金融文化、推进博物馆事业方面有着无可比拟的优势，金融博物馆后续也将把工作重心调整到元宇宙世界当中。

元宇宙教育

培训教育是博物馆的天然属性和内在要求。为了充分发挥博物馆的宣教职能，金融博物馆特设革命金融培训学院，专注于普惠金融、金融安全和金融科技基金与并购、金融科技与区块链等领域的专业培训，中国人民银行原副行长吴晓灵、马德伦，原中国银监会副主席郭利根、唐双宁等领导组成学院专家顾问委员会，陆续在北京、上海、广州、深圳、成都、杭州、乌鲁木齐等地举办了多场专业培训，培育了大批金融科技领域的专业人才。各地金融博物馆都与当地高校建立战略合作，成为当地高校校外培训基地和大学生实习基地；与当地金融监管机构建立战略合作，成为当地投资者教育基地；与当地金融科技企业合作，成为当地金融科技的展示基地。以井冈山革命金融博物馆为例，该馆被全国工商联授予"全国非公有制经济人士理想信念教育基地教学点"，被中国人民银行中国金融教育发展基金会授予"井冈山红色金融教育基地"，被吉安市人民政府授予"吉安市普惠金融教育基地"。目前博物馆正在联合人民银行井冈山市支行联合申报"中国人民银行金融教育示范基地"。

元宇宙数字藏品

2022年5月，金融博物馆正式登陆数字藏品市场，先后与上方元宇宙、Ibox、数藏中国以及中国网、人民网、新华网等元宇宙平台和媒体建立战略合作，共同助力数字藏品市场的繁荣与发展。截至 2022 年 9 月，金融博物馆共策划发行了 6 次数字藏品，累计发行数量近五万枚，在打造金融 IP 的同时，宣传金融文化、普及金融知识、助力金融教育，成为中国数字藏品届的洗尽浮华的一股清流。

（一）金融里程碑系列

金融博物馆遴选对中国金融发展具有重要意义的事件及文物，发行金融里程碑数字藏品系列，目前发行了数字藏品《湖广铁路债券：辛亥革命的导火索》。

图附 1　《湖广铁路债券：辛亥革命的导火索》影印件

（二）红色金融里程系列

金融博物馆遴选中国共产党史上具有重要意义的金融事件及文物，发行红色金融数字藏品系列，目前发行了数字藏品《东固平民银行拾枚铜元票》《中华苏维埃共和国国家银行壹角纸币》《光华商店代价券伍角纸币》《北海银行拾圆纸币》《工字银元》等。

附录一

图附2 《东固平民银行拾枚铜元票》

图附3 《中华苏维埃共和国国家银行壹角》

图附4 《光华商店代价券伍角》

图附5 《北海银行拾圆纸币》

图附6 《工字银元》

金融元宇宙博物馆

在展览展示、社会教育等领域，金融博物馆始终永葆创新劲头。融合区块链、人机交互、电子游戏、人工智能、网络及运算、数字孪生六大技术的元宇宙技术成为金融博物馆研究布局的重要方向。金融博物馆重点调研了微软、Meta、腾讯、动视暴雪、米哈游、任天堂元宇宙概念企业，同时重点研究了 The Sandbox、Axie Infinity、Decentraland、Illuvium、Roblox、太一灵境、百度希壤等元宇宙平台。

2022 年 6 月 25 日，金融博物馆正式登陆 The Sandbox，地块坐标（-105，-191），成为全球首家金融元宇宙博物馆，将实体博物馆与虚拟现实完美融合，成为数字经济领域引领者。The Sandbox 是全球最大的元宇宙平台，注册用户超过 200 万人，时尚品牌 Gucci、运动品牌 Adidas、商超品牌家乐福、娱乐品牌华纳音乐及 CJ ENM、金融品牌香港汇丰银行和新加坡星展银行，以及迪拜虚拟资产监管局（VARA）监管部门等知名机构均已入驻。金融元宇宙博物馆作为中国红色金融的展示窗口，致力于在全球推动红色文化和理念的传播。

金融元宇宙博物馆共分为 3 层，地下一层为交子迷宫互动体验展厅，用户需要在迷宫内收集世界上最早的纸币——交子，完成拼图后方可进入博物馆。此展厅内展示了天津金融博物馆、苏州基金博物馆、国际金融博物馆、互联网金融博物馆、并购博物馆、产业金融博物馆、香港金融博物馆、井冈山革命金融博物馆、上海科技金融博物馆、宁波保险博物馆、天府四川金融博物馆、中原金融博物馆、重庆金融博物馆等13家金融主题博物馆。

完成交子迷宫任务后，即可来到博物馆广场。广场上矗立着大宋交子碑以及金融博物馆LOGO，玩家可与广场上熙熙攘攘的观众进行交流和互动。博物馆正面外侧是一面由88个带"贝"字偏旁的汉字组成的巨幅"贝字墙"。"贝字墙"由金融博物馆首创，在13家线下金融主题博物馆入口处均有展示。"贝币"是中国最早的货币，因此带"贝"字偏旁的汉字大多都与货币、金钱、商业相关。比如"赢"表示与财富买卖有关，有余利即为"赢"，再比如"贷"表示与货币输出有关，借出或借入钱财即为"贷"。同时，"88"这个数字也承载着对金融未来的美好期盼。

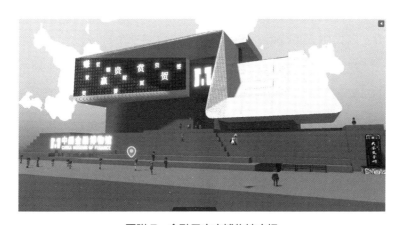

图附7　金融元宇宙博物馆广场

一层为"中国金融史展厅"，共分为中国金融历史部分和红色金融历史两个部分。中国金融历史部分遴选的展品有中国最早的贸易货币——贝币（产生于夏朝时期），中国最早的金属铸币——布币、刀币（产生于春秋时期），中国最早在全国通行的统一货币——半两钱（秦始皇二十六年即公元前 221 年），中国流通时间最久的货币——五铢钱（汉武帝元狩五年即公元前 118 年至唐武德四年即公元 621 年，前后共约流通 740 年），世界上最早的纸币——交子（产生于北宋仁宗天圣元年即公元 1023 年），中国古代的大面额货币——银锭，以及中国当代的流通法币——人民币等各个时期的流通货币。红色金融历史部分遴选的展品有中国共产党最早发行的金属铸币——工字银元（1927 年），世界上最小的国家银行（成立时仅五人）——中华苏维埃共和国国家银行发行的壹角纸币，以及毛泽东同志八角帽照、邓小平同志照、天安门城楼照等展品。

一层通往二层的过道处，通过堆叠的立方体展示了当前世界上主要流通的美元、欧元、英镑、日元、人民币等货币符号，以及比特币、以太坊、莱特币、瑞波币等主流数字货币符号。

二层为"金融博物馆数字藏品展厅"，主要展示金融博物馆已经发行及将要发行的数字藏品。展厅内遴选的展品除了前文详细介绍的中华苏维埃共和国国家银行壹角纸币、东固平民银行拾枚铜元票、湖广铁路债券、光华商店代价券伍角纸币、北海银行拾圆纸币、工字银元等展品外，还有中国金融历史上重要五件套的戥子、斗、算盘、财神像等藏品。二层还设置了休闲娱乐区，可供观众在此休憩。

金融元宇宙博物馆是金融博物馆在元宇宙世界的重要尝试和探索。金融博物馆后续还将在太一灵境等具有广泛影响力的元宇宙平台搭建各种不同风格的金融主题元宇宙博物馆，宣传金融文化、普及金融知识、助力金融教育。

据国家文物局2021年统计数据，全国备案博物馆总数达6 183家，其中非国有博物馆1 989家，非国有博物馆占比达到32%，非国有博物馆正逐渐成为我国博物馆事业发展的重要力量。然而不可忽视的是，非国有博物馆相对于国有博物馆在资金支持、藏品质量、人员配备、研究能力等方面还有不小的差距，在一定程度上限制了非国有博物馆的发展壮大，特别是在元宇宙领域还相对空白。

金融博物馆一直视创新为生命线，将创新作为博物馆的核心竞争力。相对于其他非国有博物馆，金融博物馆具备独特而完备的运营模式。秉承创新、开放、包容的心态，金融博物馆希望广泛联结各级政府、各大高校与科研院所、实体企业，为政府创建金融文化地标、丰富当地金融生态，为高校提供校外培训教育基地，为科研院所提供研究支持，为实体企业赋能客户金融资源。

附录二

作者团队

张雅琪,香港大学计算机系毕业,IT 技术社区创始人,国内外多个 Web 3.0 项目参与者,致力于研究计算机历史和科技公司的商业模式,"阿法兔研究笔记"创始人。

渔童,金融博物馆馆长,清华大学五道口金融学院 EMBA。2010 年开始创建系列金融博物馆。2017 年获瑞士达沃斯论坛区块链创新奖,2020 年获管理界大奖拉姆·查兰管理实践–抗疫行动奖。

王平,厦门大学会计学博士及管理学院客座教授,宏易资本集团创始合伙人暨董事长,曾任全联并购公会轮值主席,中国创业投资专业委员会副会长。多次当选中国最佳本土 PE 管理人,多届 APEC 工商领袖投资界代表。

王乾,民建中央企业委员会特邀委员,全联并购公会常务理事,德龙控股集团总裁,十年金融行业工作经验,具有私募基金从业资格,区块链早期参与者。

邓建鹏,法学博士,中央财经大学教授、博士生导师,法学院学术委员会委员,金融科技法治研究中心主任。

高新,金融博物馆理事、井冈山革命金融博物馆馆长,拥有多年金融博物馆创建、运营和管理经验,参与创建井冈山革命金融培训学院、金融云小镇。

尚季廷,金融博物馆培训部负责人,主要负责金融博物馆并购与基金、区块链与元宇宙、红色金融、并购交易师等培训与认证工作,累计培养金融专业人才逾万人。

王喆伟,金融博物馆策展主管,毕业于英国萨塞克斯大学摄影艺术史与博物馆策展专业,参与并协调完成多个博物馆建设与巡展展示。

王紫上、张平、阎亮也参与了本书撰写,特此感谢!

参考文献

1. Luca Pacioli.summa de arithmetica geometria proportioni et proportionalita［M］.Paganini(Venice).1494.

2. 维克托·迈尔-舍恩伯格，肯尼思·库克耶.大数据时代：生活、工作与思维的大变革［M］.杭州：浙江人民出版社，2013.

3. 尤瓦尔·赫拉利.人类简史：从动物到上帝［M］.北京：中信出版集团，2017.

4. 贾雷德·戴蒙德.剧变［M］.北京：中信出版集团，2020.

5. 赛迪区块链生态联盟.2020-2021年中国区块链产业发展研究年度报告［EB/OL］.（2021-05-18）［2022-01-01］.https://www.ccidgroup.com/info/1105/33345.htm

6. 德勤咨询.区块链VS供应链：天生一对［EB/OL］.（2021-01-08）［2022-01-01］.http://www.100ec.cn/detail--6582900.html

7. 华为技术有限公司.华为区块链白皮书2021［EB/OL］.（2021-09-01）［2022-02-03］.https://new.qq.com/rain/a/20211015A0AT2F00

8. 中信证券研究部.元宇宙深度报告:元宇宙的未来猜想和投资机遇［EB/OL］.（2021-11-02）［2022-02-03］.https://ishare.iask.sina.com.cn/f/t22Gq2KAVJH.html

9. 普华永道.数据资产化前瞻性研究白皮书［EB/OL］.（2021-11-30）［2022-02-12］.https://baijiahao.baidu.com/s?id=1717366894226945548&wfr=spider&for=pc

10. 姚前.分布式账本与传统账本的异同及其现实意义\央行与货币［J］.清华金融评论.2018(6).

11. 普华永道.揭秘元宇宙:企业领导者需知需行［EB/OL］.（2022-03-29）［2022-05-08］.https://www.pwccn.com/zh/tmt/uncover-the-meta-universe-mar2022.pdf

12. 郭立芳.号称"区块链的灵魂"的共识机制：PoW、PoS、DPoS［EB/OL］.白话区块链.（2022-06-22）［2022-07-26］.https://view.inews.qq.com/a/20220622A04GQ600

13. 北京大学汇丰商学院商业模式研究中心，安信证券元宇宙研究院.元宇宙2022——蓄积的力量［EB/OL］.（2022-01-01）［2022-07-26］.https://baijiahao.baidu.com/s?id=1721263624768946072&wfr=spider&for=pc

14. 德勤咨询.2021年全球区块链调查：数字资产新时代［EB/OL］.（2021-11-19）［2022-02-01］.http://www.100ec.cn/home/detail--6603673.html

15. 艾瑞咨询.2021全球数字贸易白皮书［EB/OL］.（2021-10-19）［2022-07-26］.http://www.100ec.cn/home/detail--6602086.html

16. 阿里巴巴达摩院.2022十大科技趋势［EB/OL］.（2021-12-18）［2022-07-26］.https://max.book118.com/html/2022/0114/8030050100004055.shtm

17. 恒生电子.慧技术惠金融——2022金融科技趋势研究报告［EB/OL］.（2021-12-01）［2022-07-26］.https://baijiahao.baidu.com/s?id=1719766288099823305&wfr=spider&for=pc

18. 中国金融信息中心.金融元宇宙研究白皮书［EB/OL］.（2022-05-13）［2022-08-03］.https://www.thepaper.cn/newsDetail_forward_18236310

19. 王健宗, 何安珣, 李泽远. 终于有人把云计算讲明白了［EB/OL］.（2020-11-18）［2022-08-03］. https://new.qq.com/omn/20201118/20201118A0H7CS00.html

20. 创业邦. 清华校办企业"华控清交"获5亿元B轮融资, 推动建设数据流通基础设施［EB/OL］.（2021-10-13）［2022-08-03］. https://baijiahao.baidu.com/s?id=1713474045374952682&wfr=spider&for=pc

21. 元宇宙之心MetaverseHub. 为什么说区块链是元宇宙的重要底层技术, 它究竟能带来什么？［EB/OL］.（2020-11-24）［2022-08-03］. https://blog.csdn.net/Blockchain_lemon/article/details/121528490

22. 皑云视界. 区块链的发展史：从1.0到3.0［EB/OL］.（2019-01-03）［2022-07-26］. https://caifuhao.eastmoney.com/news/20190103160301310031810

23. 伍旭川, 刘学. The DAO被攻击事件分析与思考［J］. 金融纵横, 2016（07）:19-24.

24. G Kondova, R Barba . Journal of Modern Accounting and Auditing［EB/OL］.（2020-03-31）［2022-05-21］.https://papers.ssrn.com/sol3/papers.cfm?abstract_id=3549469

25. AQOOM.Evolution of the Decentralised Autonomous Organisation［EB/OL］.（2018-09-27）［2021-01-01］.https://medium.com/@AQOOM/evolution-of-the-decentralised-autonomous-organisation-dao-2302fde130ee

26. 吴志峰. 在代币化视角下重新理解DAO［EB/OL］.（2022-03-23）［2022-02-17］. https://copyfuture.com/blogs-details/202203230958435536

27. Osmond Vitez.Centralized vs Decentralized Organization［EB/OL］.（2019-02-12）［2020-01-15］.https://smallbusiness.chron.com/centralized-vs-decentralized-organizational-structure-2785.html

28. BTCair.DAO赛道研究：DAO的起源、演变与未来［EB/OL］.（2022-02-20）［2022-08-03］.https://zhuanlan.zhihu.com/p/469702547

29. Vitalik Buterin.DAOs, DACs, DAs and More: An Incomplete Terminology Guide［EB/OL］.（2014-05-06）［2020-05-27］.https://blog.ethereum.org/2014/

05/06/daos-dacs-das-and-more-an-incomplete-terminology-guide/

30.Daniel Suarez.Daemon［M］.Verdugo Press.2006.

31.Citi GPS: Global Perspectives & Solutios.Metaverse and Money: Decrypting the Future［EB/OL］.（2022-03-30）［2022-09-12］.https://icg.citi.com/icghome/what-we-think/citigps/insights/metaverse-and-money_20220330

32.OpenSea.Our story［EB/OL］.（2017-01-01）［2022-08-03］.https://opensea.io/about

33.Rarible.https://rarible.com/.

34.Dmitry Korzhik: The Company of the Future: the History of the DAO［EB/OL］.（2017-10-25）［2022-03-15］.https://medium.com/@korzhikdmitry/the-company-of-the-future-the-history-of-the-dao-e0bed556507b

35.Samuel Falkon: The Story of the DAO—Its History and Consequences［EB/OL］.（2017-12-24）［2022-04-17］.https://medium.com/swlh/the-story-of-the-dao-its-history-and-consequences-71e6a8a551ee

36.NFT中文社区.一文快速了解DAO及其八大分类［EB/OL］.（2021-12-18）［2022-02-03］.https://baijiahao.baidu.com/s?id=1720370979498763143&wfr=spider&for=pc

37.欧胜.关于Token，你所不知的三大作用和五个注意事项［EB/OL］.（2018-12-14）［2022-07-05］.https://zhuanlan.zhihu.com/p/52422535

38.楚明.8个步骤，3个要点，区块链游戏通证设计万字干货［EB/OL］.（2019-09-24）［2022-05-06］.https://zhuanlan.zhihu.com/p/83942294

39.Jamie Burke.Metafi: Defi for the Metaverse［EB/OL］.（2021-12）［2022-04-18］.https://outlierventures.io/research/metafi-defi-for-the-metaverse/

40.Mason Marcobello.一文了解DAO发展现状，这些类型的DAO你参与过吗［EB/OL］.（2021-11-22）［2022-04-18］.https://zhuanlan.zhihu.com/p/436152592

41.郑鹏.Token经济模型中关于Token分配的思考［EB/OL］.(2018-04-07)［2022-04-18］.https://zhuanlan.zhihu.com/p/35389822?ivk_sa=1024320u

42.Jake FrankenField.Crypto Tokens［EB/OL］.（2022-03-20）［2022-01-05］.https://www.investopedia.com/terms/c/crypto-token.asp

43.Nischal Shetty.Understanding Tokenomics: The Real Value of Crypto［EB/OL］.（2021-07-21）［2022-03-18］.https://www.finextra.com/blogposting/20638/understanding-tokenomics-the-real-value-of-crypto

44.邓建鹏,孙朋磊,邓建鹏.通证的分类与瑞士ICO监管启示［J］.中国金融.2018(22).

45.POST-WAR & CONTEMPORARY ART .10 things to know about CryptoPunks, the original NFTs［EB/OL］.（2021-05-08）［2022-03-18］.https://www.christies.com/features/10-things-to-know-about-CryptoPunks-11569-1.aspx?sc_lang=en#FID-11569

46.Axiom Zen.cryptokitties［EB/OL］.（2017-11-28）［2020-05-22］. https://www.cryptokitties.co/about

47.Lee Justina.BoredApe［EB/OL］.（2021-09-02）［2022-02-03］.https://en.wikipedia.org/wiki/Bored_Ape

48.Unknown.What are the application scenarios of fanatical NFT? How to achieve it with technology?［EB/OL］.（2021-11-26）［2022-03-27］.https://www.shresthanischal.com.np/2021/11/what-are-application-scenarios-of.html

49.Diego Geroni.The Advantages Of Non-Fungible Tokens（NFTs）［EB/OL］.（2021-08-30）［2022-05-09］.https://101blockchains.com/advantages-of-nfts/

50.Joshua Rodriguez.Non-Fungible Tokens（NFTs）Definition—Should you invest in Digital art?［EB/OL］.（2021-09-14）［2022-05-09］.https://www.moneycrashers.com/non-fungible-tokens-nfts/

51.MyAyan.Pros and Cons of NFT----Non-fungible Token［EB/OL］.（2022-01-010）［2022-05-09］.https://www.myayan.com/pros-and-cons-of-nft

52.Cyber Definitions.What Does NFT Mean?［EB/OL］.（2021-11-17）［2022-03-27］.https://www.cyberdefinitions.com/definitions/NFT.html

53.Robyn Conti,John Schmidt.What is an NFT?［EB/OL］.（2022-05-08）

[2022-08-23]. https://www.forbes.com/advisor/investing/cryptocurrency/nft-non-fungible-token/

54.NonFungible.Yearly NFT Market Report[EB/OL].（2022-10-03）[2022-11-13]. https://nonfungible.com/reports/2021/en/yearly-nft-market-report

55.PANews.腾讯NFT交易平台幻核将于今日15时开售万华镜系列NFT[EB/OL].（2021-08-20）[2022-03-27]. https://view.inews.qq.com/a/20210820A0739800?startextras=0_05fa21f2e77ac&from=ampzkqw

56. 数藏日历.鲸探上新3款文物数字藏品，水浒传英雄图鉴[EB/OL].（2022-03-10）[2022-08-23]. https://baijiahao.baidu.com/s?id=1726838057211219155&wfr=spider&for=pc

57.Rory Greener.Wave to Host Justin Bieber Metaverse Concert[EB/OL].（2021-11-11）[2022-03-15]. https://www.xrtoday.com/virtual-reality/wave-to-host-justin-bieber-metaverse-concert/

58.Will Gompertz.Everydays: The First 5000 Days - Will Gompertz reviews Beeple's digital work[EB/OL].（2021-03-13）[2022-01-25].https://www.bbc.com/news/entertainment-arts-56368868

59.Waldemar Januszczak: Heres How Beeples'Everydays'NFT Became the Third Most Expensive Artwork Ever Sold[EB/OL].（2021-06-06）[2022-08-23].https://www.yahoo.com/lifestyle/beeple-everydays-nft-became-third-210000685.html?guccounter =1&guce_referrer=aHR0cHM6Ly93d3cuZ29vZ2xlLmNvbvbS8&guce_referrer_sig=AQAAAMa8Z4lFuCyBJY1SxJ5g4FgxlIIvBBeSwaUbDCIU2biqANnTpYTNGC0qJbYcBaVQbWhYtyEly4PItcXM7Il8G-NuNXwAyO7LQ7fqLiZeSsOtmmgWkK3_KqIpwC4WVrKr8oPOEP-htmN348BL1f_TyhEdfMFmANAk3iQMend26X0b

60.联合早报.金管局计划强化加密货币业监管 接下来数月将磋商拟议措施[EB/OL].（2022-07-22）[2022-08-23]. https://swt.fujian.gov.cn/xxgk/swdt/swyw/gjyw/202207/ t20220722_5960302.htm

61.Nikolai Kuznetsov.Token Burning, Explained[EB/OL].（2019-06-31）

[2021-07-05]. https://cointelegraph.com/explained/token-burning-explained

62.Alex Nieto.Token burning: What is it and what are the benefits?［EB/OL］.（2020-10-08）［2022-01-03］.https://swissborg.com/blog/token-burning

63.Beginner.TOKEN BURNING: WHAT IS IT, WHY DO IT?［EB/OL］.（2022-03-11）［2022-05-21］. https://www.ledger.com/academy/token-burning-what-is-it-why-do-it

64.链茶馆.DAO筹款工具Juicebox价值几何［EB/OL］.（2022-03-28）［2022-08-23］.https://www.jinse.com/news/blockchain/1185568.html